博物馆策展与文物保护研究

葛梦洁　孟凡强　著

中国民族文化出版社

北　京

图书在版编目（CIP）数据

博物馆策展与文物保护研究 / 葛梦洁，孟凡强著 .
-- 北京：中国民族文化出版社有限公司，2024.6
ISBN 978-7-5122-1916-8

Ⅰ . ①博…　Ⅱ . ①葛…　②孟…　Ⅲ . ①博物馆 – 展览
会 – 策划 – 研究　②博物馆 – 文物保护 – 研究　Ⅳ . ① G26

中国国家版本馆 CIP 数据核字（2024）第 102008 号

博物馆策展与文物保护研究
BOWUGUAN CEZHAN YU WENWU BAOHU YANJIU

作　　者　葛梦洁　孟凡强

责任编辑　何敬茹

责任校对　李文学

出 版 者　中国民族文化出版社　　地址：北京市东城区和平里北街 14 号
　　　　　邮编：100013　联系电话：010-84250639　64211754（传真）

印　　装　武汉鑫佳捷印务有限公司

开　　本　710mm×1000mm　1/16

印　　张　12.625

字　　数　193 千

版　　次　2025 年 1 月第 1 版

印　　次　2025 年 1 月第 1 次印刷

标准书号　ISBN 978-7-5122-1916-8

定　　价　88.00 元

前　言

　　博物馆是文化遗产的宝库，文物保护是我们传承历史和文化的责任。本书旨在探讨博物馆策展与文物保护两个紧密相关但又相对独立的重要领域。博物馆策展是传递文化和历史信息的手段，而文物保护则确保这些信息长期保存。在本书中，我们将深入探讨如何平衡博物馆展示的需求和文物保护的要求，以实现博物馆事业的可持续发展。本书旨在为读者提供全面的博物馆策展与文物保护知识，并启发他们在这一领域中做出卓越的贡献。希望本书能够成为博物馆从业者、研究者和学生的重要参考资料，促进文化遗产的传承和保护。

目 录

第一章　博物馆策展概述

第一节　博物馆的历史和发展

博物馆，这个人类文明的重要载体，自其诞生以来就一直在不断地发展和变化。从最初的对自然和历史物品的简单收藏，到现在的多元化、科技化的展示方式，博物馆见证了人类社会的进步和变革。博物馆不仅是人类文明的载体，更是人类智慧的结晶。它通过收藏和展示各种自然和历史物品，为人们提供了一个了解和探究人类历史和文化的重要途径。随着时间的推移，博物馆不断地拓展和丰富自己的收藏范围，从古老的陶器、书画到现代的科技展品，无所不包。同时，博物馆的展示方式也在不断地演变，从最初的静态展示，到后来的互动式、沉浸式展示，博物馆越来越注重观众的参与和体验。现代科技的应用，更是让博物馆的展示方式变得更加生动、形象，如虚拟现实技术可以让观众亲身体验历史事件，或者与展品进行互动。博物馆不仅是了解人类历史和文化的重要场所，同时也是城市的文化地标和旅游胜地。每年都有大量的游客涌入博物馆，欣赏各种展品，了解不同地区和民族的文化和历史。博物馆对于推动文化交流和旅游发展也起到了重要的作用。博物馆作为人类文明的重要载体，见证了人类社会的进步和变革。博物馆不仅是了解人类历史和文化的重要场所，同时也是城市的文化地标和旅游胜地。随着科技的发展和社会的进步，博物馆将会不断地发展和变化，为人类文明的发展做出更大的贡献。

一、博物馆的起源

博物馆的起源可以追溯到古希腊和罗马时期，那时，人们开始将自己的珍宝、艺术品和历史文物收藏起来，以供自己欣赏和学习。这些收藏品，通常被存放在宫殿、寺庙或私人住宅中，只有贵族和富人才能接触到。这些早期的博物馆，虽然规模不大，但是也为当时的人们提供了一个了解历史和文化的窗口。随着时间的推移，博物馆逐渐发展壮大。在中世纪，随着欧洲城市的兴起和商业的发展，一些城市开始建立公共博物馆，向市民展示城市的历史和文化。这些博物馆通常由市政当局或富商巨贾捐赠建立，成为城市文化的重要组成部分。这些博物馆不仅展示了城市的历史和文化，还为市民提供了一个学习和教育的场所。到了现代，博物馆已经成为全球文化的重要组成部分。无论是国家级的博物馆，还是地方级的博物馆，都在向公众展示着各自的文化和历史。同时，博物馆也成为教育和研究的重要场所，为学者和学生提供了丰富的资源和机会。而且经过中世纪的发展和现代的壮大，博物馆已经成为一个集展示、教育、研究为一体的综合性机构。

二、现代博物馆的发展

1. 启蒙时代的博物馆

17 世纪末至 18 世纪，随着启蒙运动的兴起，欧洲的博物馆开始向现代化转型。在这个时期，许多国家开始建立国家博物馆，以展示国家的历史和文化。这些博物馆通常由皇家或政府机构建立，成为当时欧洲文化生活的重要组成部分。在那个时期，欧洲的博物馆开始发生了一些显著的变化。这些变化不仅限于博物馆的物理空间，还涉及展览内容和管理方式。随着启蒙运动的兴起，欧洲人对知识和教育的追求变得更加热情，这也促使了博物馆向现代化转型。在这个时期，许多国家开始意识到博物馆对于展示国家的历史和文化的重要性。这些国家开始建立自己的国家博物馆，以展示本国的历史文化遗产。这些博物馆通常由皇家或政府机构建立，成为当时欧洲文化生活的重要组成部分。这些博物馆不仅为人们提供了了解和欣赏国家历史和文化的机会，同时也成为社会交流和文化活动的重要场所。在展览内容方面，这些博物馆开始注重呈现历史事件的连续性和系统性，并且开始将历史事件置于更广阔的背景中来展示，以便观众能够更好地理解和欣赏它们。此外，这些博物馆还开始注重教育和普及知识，通过展览和活动来提高公众对历史和文化的认识和了解。在管理方式方面，这些博物馆也开始发生了一些变化，比如开始注重专业化和标准化，通过引入科学的管理方法和标准化的操作流程，提高管理效率和服务质量。这些博物馆还开始注重与社区的联系和互动，通过合作和参与来促进社区发展和文化交流。启蒙时代的博物馆，可以说是欧洲博物馆向现代化转型的重要时期。在这个时期，许多国家开始建立国家博物馆以展示国家的历史和文化，这些博物馆成为当时欧洲文化生活的重要组成部分。同时，这些博物馆在展览内容和管理方式方面，也发生了一些显著的变化，为后来的博物馆发展奠定了基础。

2. 工业革命时期的博物馆

19 世纪初，随着工业革命的兴起，许多城市开始建立工业博物馆，展示工业革命带来的变革和进步。这些博物馆通常由市政府或企业捐赠建立，成为当时工业城市文化生活的重要组成部分。这些工业博物馆不仅展示了工业革命带来的巨大变革和进步，还反映了当时的社会、经济和文化背景。这些博物馆的建立，不仅是为了纪念工业革命的历史意义，更是为了向公众普及工业知识，提高公众对工业发展的认识和了解。这些工业博物馆通常由市政府或企业捐赠建立，也反映了当时的社会和政治环境。市政府和企业捐赠这些博物馆，不仅是为了支持文化事业，更是为了提高城市的形象和企业的知名度。同时，这些博物馆也成为当时工业城市文化生活的重要组成部分，为城市居民提供了丰富的文化娱乐活动。19 世纪初的工业博物馆不仅展示了工业革命的历史意义和重要性，还反映了当时的社会、经济和文化背景。这些博物馆的建立，不仅是为了纪念历史事件，更是为了向公众普及知识，提高人们的认知程度。

3. 现代博物馆的兴起

20世纪初，随着全球化的不断推进和科技的迅速发展，博物馆行业也开始了一场深刻的变革。这个时期的博物馆开始呈现多元化、科技化和国际化的新趋势，为游客带来更加丰富、生动的参观体验。在这个时期，许多国家开始致力于建立具有国家特色的现代化博物馆。这些博物馆不仅展示了本国的历史、文化和自然遗产，更成为当地文化旅游的重要景点。这些博物馆通常由政府或私人机构建立，具有高度的专业性和丰富的藏品，为游客提供深入了解国家历史文化的机会。这些现代化博物馆的建立，不仅丰富了人们的精神文化生活，也促进了不同国家之间的文化交流。通过展示本国的历史文化遗产，这些博物馆有助于增强国民的自豪感和凝聚力。同时，这些博物馆还成为吸引国际游客的重要目的地，为推动当地经济发展发挥了积极作用。这些现代化博物馆的科技化程度也不断提高，在展览中，通过运用声、光、电等多种手段，将历史事件和人物生动地呈现在游客面前。一些博物馆还引入了虚拟现实、增强现实等技术，让游客能够更加深入地参与到展览中。这些技术的应用不仅提高了游客的参观体验，也为博物馆行业注入了新的活力。自此，博物馆开始向多元化、科技化和国际化方向发展，为人们带来了更加丰富多彩的文化体验。这些现代化博物馆的建立，进一步丰富了人们的精神文化和生活，也促进了国家之间的文化交流和经济发展。

4. 中国的博物馆发展

中国的博物馆事业虽然起步较晚，但是发展迅速，逐渐展现出其巨大的潜力和影响力。20世纪初，随着西方文化的传入和国内文化事业的兴起，中国开始建立自己的博物馆。这些博物馆通常由政府或学术机构建立，成为当时中国文化和教育的重要组成部分。这些博物馆的建立，不仅展示了中国文化的丰富内涵，也促进了中国社会的文明进步。中华人民共和国成立后，政府高度重视文化事业的发展，加强对博物馆的投入和管理。在这个时期，许多重要的历史文物和文化遗产被发掘和保护起来，并被展示在博物馆中。这些文物和文化遗产是中国历史与文化的珍贵载体。对它们的展示，不仅丰富了人们对中国历史与文化的认识，也激发了人们对祖国历史与文化的热爱和自豪。与此同时，中国也开始建立自己的现代化博物馆体系，包括国家级的综合性博物馆、专业性博物馆和地方性博物馆等。这些博物馆各具特色，分别展示着中国的历史、文化、艺术、科技等各个方面的丰富内容。这些博物馆的建立，不仅推动了中国的文化事业发展，也为人们提供了更加丰富多彩的文化体验和教育机会。

随着中国经济的快速发展，博物馆事业也在不断壮大。近年来，中国的博物馆的数量已经达到了数千家，覆盖了各个领域和地区。这些博物馆不仅成为中国文化和教育的重要组成部分，也为人们提供了更加多样化的教育内容。在博物馆的展品方面，中国的博物馆已经形成自己独特的风格和特点。从古代的青铜器、瓷器、书画等到现代的摄影、电影、艺术品等，中国的博物馆的展品涵盖各个时期和领域。这些展品展示了中国历史与文化的丰富内涵，也为人们提供了更加深刻的体验。除了展示有关中国历史与文化的展品，中国的博物馆还积极开展各种教育活动和文化交流活动。这些活动包括展览、讲座、研讨会、文化交流等，旨在向公众普及文化知识、传承文化遗产、促进文化交流。这些活动的开展，不仅提高了公众的文化素养和审美水平，也为中国的文化和教育事业做出了重要贡献。在未来，中国的博物馆事业将继续保持快速发展的势头，政府将继续加大对博物馆事业的投入和管理，同时博物馆也将不断探索新的发展模式和创新方式，以推动中国的博物馆事业的繁荣昌盛，为中国的文化和教育事业做出更多重要的贡献。

5. 数字化时代的博物馆

随着数字化时代的到来，博物馆也开始与时俱进，向数字化方向发展。许多博物馆开始积极建立数字化档案和数据库，将藏品信息进行数字化处理并存储在计算机中，实现信息的快速检索和查询。同时，许多博物馆也开始采用虚拟现实、增强现实等技术，将展品进行数字化展示和互动体验，为观众带来了更加生动、立体的参观体验和学习效果。这些数字化技术的应用，不仅提高了观众的参观体验和学习效果，也极大地促进了博物馆的现代化管理和研究工作，为博物馆的发展注入了新的动力和活力。通过数字化技术的运用，博物馆的管理和研究工作得到了极大的便利和提升。数字化档案和数据库的建立，使得博物馆能够更加高效地进行藏品信息的管理和查询，大大提高了研究工作的效率和准确性。同时，数字化展示和互动体验的应用，也为博物馆的展示和教育功能带来了更多的可能性，让观众能够更加深入地了解和体验文化遗产的价值和魅力。

此外，数字化技术也促进了博物馆之间的合作和交流。通过共享数字化档案和数据库，各个博物馆可以更加便捷地进行信息共享和合作研究，推动了学术交流和文化传承的不断发展。数字化技术也使得博物馆能够更好地与观众进行互动和交流，获取观众的反馈和建议，不断优化参观体验和服务质量。通过不断引进和创新数字化技术，博物馆能够更好地适应时代的发展需求，为观众提供更加优质、便捷的参观体验和服务，同时也能够更好地保护和管理文化遗产，以促进人类的文化传承和发展。

三、未来博物馆的发展趋势

未来，随着科技的持续进步，社会的高速发展，博物馆将不断向现代化、多元化、科技化和国际化方向迈进。在这个过程中，博物馆将更加注重对文化遗产的保护和研究工作，以确保这些宝贵的文化遗产能够得以传承和发扬光大。同时，博物馆也将更加注重与世界各地的交流和合作，通过各种渠道和方式，促进不同文化之间的相互理解和交流。在科技方面，博物馆将借助更多的先进技术手段，如人工智能、虚拟现实、增强现实等，为观众提供更加生动、形象、有趣的展示体验。博物馆还将加强对文物修复和保护技术的研究和应用，以便更好地保护和修复珍贵文物。

在多元化方面，博物馆将更加注重满足不同观众的需求，提供更加多元化、个性化的服务和体验。例如，针对不同年龄段的观众，博物馆可以提供不同的展览和教育活动；针对不同文化背景的观众，博物馆可以提供相应的文化背景和历史背景介绍。在国际化方面，博物馆将更加注重与世界各地的博物馆和相关机构的合作与交流，共同推动全球文化遗产的保护和研究工作。博物馆也将积极参与国际展览和学术交流活动，以促进全球文化多样性的发展和推广。未来博物馆将继续发挥其重要的社会作用，为人们提供更好的文化体验和教育服务，同时也将更加注重对文化遗产的保护和研究工作。

　　20 世纪以来，博物馆的发展更加多元化和专业化。随着全球化和文化交流的增加，各种类型的博物馆开始涌现，包括自然历史博物馆、科技博物馆、艺术博物馆、人类学博物馆等。这些博物馆旨在展示不同领域的知识和文化，满足公众对多元化信息的需求。随着科技的发展，博物馆也开始引入数字化和虚拟展览等新的展示方式。这些创新技术，使得观众可以更加深入地了解展品和其背后的故事。社交媒体和网络平台的兴起，也促进了博物馆与观众之间的互动和交流。中国的博物馆发展历程，具有比较独特的特点。在古代中国就有许多著名的文物收藏和展示场所，如故宫博物院等。然而，直到 20 世纪初，现代意义上的博物馆才开始在中国出现。20 世纪初至中叶，一些西方国家开始在中国建立它们的博物馆，如英国的维多利亚与阿尔伯特博物馆等。这些博物馆的建立，对中国本土博物馆的发展产生了影响和启示。在中华人民共和国成立后，特别是改革开放以来，中国的博物馆事业取得了显著的进步。国家级的博物馆如中国国家博物馆、故宫博物院等，得到了大规模的扩建和提升；同时各地也涌现出了大批地方性的博物馆和行业性的专题博物馆。目前，中国的博物馆总数已经超过 6000 家，涵盖了历史、文化、自然、科技等各个领域。中国的博物馆正逐渐走向专业化、多元化和国际化。博物馆的发展历程，是一个不断演变的过程。从早期的私人收藏到现代的公共机构，从单一的文物展示到多元化的知识传播，博物馆始终致力于满足人们对文化和历史的追求。随着科技和社会的发展，未来博物馆将继续发挥其教育、传承和启迪的作用，全面推动并促进人类的文化繁荣。

第二节　策展的定义与重要性

一、策展的定义

策展，在艺术和文化遗产领域中，是一个至关重要的概念。它不仅涉及对特定主题或项目的深入理解，还要求对观众进行引导和启发，以实现深入的参与和对话。具体来说，策展原指策划展览，包括构思、组织、实施和推广等一系列活动。它旨在将艺术、历史、文化和社会现象转化为具体的展览，为公众提供学习和欣赏的机会。在艺术博物馆、历史遗址和文化遗产中心等场所，策展工作尤其重要，因为它决定了如何将这些资源转化为具有影响力的教育体验。

二、策展的重要性

1. 教育和启示

策展在教育和启示公众方面，都扮演着至关重要的角色。通过精心策划和布局，将艺术品、历史文物和文化遗产呈现给观众，策展人能够传递丰富的信息，引导观众深入思考。优秀的策展不仅能够传达知识，更能够启发观众产生自己的观点和见解，培养他们的批判性思维。在策展过程中，策展人需要对艺术品、历史文物和文化遗产进行深入的研究和分析，以确保呈现给观众的内容具有代表性和教育意义。策展人首先需要选择最具代表性的作品，并运用良好的布局和展示方式，使观众能够更好地理解和欣赏这些作品。通过精心策划的展览，观众可以更深入地了解历史、文化、艺术等方面的知识，并从中受到启发。策展人需要具备广博的知识和高超的技巧，以确保展览内容丰富、有趣且易于理解。同时，优秀的策展还能够激发观众的兴趣和好奇心，让人们在参观过程中产生更多的思考和探索。策展不仅是一种展示方式，更是一种教育方式。它能够通过视觉、听觉等多种方式，向观众传递信息，并引导其进行思考和探索。策展还能够为观众提供一种独特的体验，让人们感受到艺术、历史和文化的魅力，从而培养审美情趣和人文素养。策展在教育和启示公众方面具有核心作用。通过精心策划和布局，策展人能够将艺术品、历史文物和文化遗产呈现给观众，传递丰富的信息，引导人们深入思考。

2. 社区参与

策展工作不仅仅是一个简单的摆放物品的过程，更像是一个艺术家在创作一幅画作，需要将各种元素巧妙地融合在一起，让整个展览空间充满生命力和吸引力。它是一个社区参与的过程，旨在与观众建立深入的联系，激发他们的兴趣，并鼓励他们积极参与讨论和活动。一个优秀的策展人，需要具备敏锐的洞察力和理解力，能够深入了解社区的需求和兴趣，从而为人们提供更贴切的展览体验。首先，不仅需要选择合适的展品，还需要考虑展览的布局、氛围的营造以及与观众的互动方式。策展人需要与社区建立紧密的合作关系，通过各种渠道收集观众的反馈和建议，不断改进和完善展览，让观众在展览中获得更好的体验。通过与社区的紧密合作，策展人能够更好地了解观众的需求和兴趣，从而为他们提供更贴切的展览体验。其次，需要针对不同的观众群体，制订不同的展览方案，让每个观众都能在展览中找到自己的兴趣点。作为策展人，还可以通过各种活动和讨论，让观众更加深入地了解展览的主题和意义，进一步增强观众与展览之间的互动和联系。策展工作是一个充满挑战和创造性的过程，需要策展人具备高度的专业素养和社区意识。通过与社区的紧密合作，策展人能够为观众提供更贴切的展览体验，让每个观众都能在展览中找到自己的乐趣，使自己得到相应的收获。

3. 文化交流

策展在促进文化交流方面也很重要。通过精心策划和展示来自不同文化背景的艺术品和文物，以及涉及不同历史时期和主题的展览，策展能够有效地打破文化隔阂，增进人们对不同文化的理解和尊重。这些展览不仅提供了人们了解和欣赏不同文化的机会，同时也成为促进文化交流和融合的桥梁。在策展过程中，策展人会考虑到不同文化之间的差异和特点，通过合理的布局和呈现方式，让观众能够更好地理解和欣赏这些艺术品和文物。同时，策展人还会通过相关的背景介绍、导览解说等方式，为观众提供更多的信息和解读，帮助人们更深入地了解这些艺术品，更深刻地分析文物背后所蕴含的文化内涵和历史价值。策展还能够促进不同文化之间的交流和互动。在展览中，观众可以通过观察和思考，更深入地了解其他文化的特点和价值，从而增进对其他文化的尊重和理解。策展一般还会邀请相关领域的专家和学者进行交流和研讨，进一步推动不同文化之间的交流和互动。通过展示不同文化背景的艺术品和文物，以及策划涉及不同历史时期和主题的展览，策展能够有效地打破文化隔阂，增进人们对不同文化的理解和尊重，在促进不同文化之间交流的同时，更好地推动文化多样性和繁荣发展。

4. 经济发展

艺术和文化产业对经济发展具有显著的影响，优秀的艺术展览和活动，能够吸引大量的游客和学者，以及与艺术相关的从业者来到一个城市。这些人员的流动，带动了当地旅游业、餐饮业、酒店业等产业的发展，进一步刺激了地方经济的增长。同时，这些活动也提供了与艺术相关的就业机会，如策展、布展、安保、物流等，为当地居民提供了更多的就业选择。良好的策展活动，不仅能够吸引大量的观众和游客，还能够提升一个城市的形象和知名度。当一个城市能够举办高质量的艺术展览和活动时，它会被更多的国际游客和文化追求者所关注和认可，从而成为群众的旅游目的地。这样的城市形象提升，也会对当地的招商引资、人才引进等方面，产生积极的影响作用。通过优秀的策展活动，树立良好的城市形象，能够进一步促进地方经济的发展，并为当地居民提供更多的就业机会，提供更优质的生活环境。

5. 个人成长和专业发展

对于艺术历史学家、博物馆学家和社会科学工作者等职业而言，策展是相关人员专业发展的重要组成部分。通过参与策展工作，能够深入研究和理解特定主题或领域的知识，从而不断提升自己的专业素养。在策展过程中，相关人员需要深入研究艺术作品、文物和历史资料等，分析其背后的历史、文化和社会背景。通过对展品的选择、搭配和布局，策展人员能够挖掘出展品之间的内在联系和意义，并将其有机地组织起来，向观众传达展览的主题和思想。同时，策展工作还需要与各种专业人士合作，如艺术家、博物馆学家、社会科学家等，以及与相关机构和观众进行沟通交流。通过这种合作交流，能够不断拓展自己的视野和知识面，提升自己的专业素养，增强综合能力。策展工作还能够带来许多其他的好处。例如，策展人员参与展览的筹备、组织和实施，能够锻炼自己的组织能力、协调能力和执行能力；在与观众的交流中，还能够提升自己的沟通能力和表达能力。

策展是一种综合性的艺术，集教育、文化交流、经济发展和个人成长于一体。在当今社会中，随着人们对艺术和文化的需求不断增长，以及技术进步带来的创新展示手段，策展的重要性越发凸显。未来，随着社会和文化的进一步发展，人们可以看到更多富有创新精神和深度的策展活动，为人们带来更多学习和欣赏艺术与文化的机会。

第三节　当代博物馆策展趋势

一、数字化与互动体验

随着数字化技术的不断发展，博物馆的策展趋势也逐步向数字化转型。数字化技术可以将文物、历史人物等信息进行数字化处理，再通过多媒体、虚拟现实等技术手段进行展示，使观众能够更加直观、深入地了解和感受历史文化。同时，博物馆也越来越注重互动体验。观众不再是被动地接收信息，而是可以通过参与、体验等方式与展览进行互动，从而更好地了解和感受历史文化。例如，一些博物馆会设置互动展示区，通过互动游戏、模拟考古等方式，让观众参与到展览中，增强观众的参与感和体验感。如今的博物馆，已经不再是仅仅展示静态文物的场所，而是逐渐转变为一个集教育、互动、娱乐为一体的文化空间。在博物馆策展中，数字化和互动体验已经成为越来越重要的因素，不仅可以增强展览的吸引力，提高教育效果，还可以提高观众的参与度和满意度。

1. 数字化在博物馆策展中的应用

（1）虚拟展馆

虚拟展馆是一种令人惊叹的技术，通过先进的计算机技术，可以将实体博物馆进行数字化建模，生成一个可以在互联网上浏览的虚拟博物馆。这个虚拟博物馆不仅具有逼真的三维场景，还包含了丰富的文物信息和历史文化背景。观众可以在家中通过电脑或移动设备，参观这个虚拟博物馆，身临其境地了解文物的历史和文化背景，以及展品的展示位置和相关信息。虚拟展馆具有许多优势。首先，它突破了时空限制，观众可以在任何时间、任何地点参观虚拟博物馆。其次，虚拟展馆提供了更多的互动和参与机会，观众可以通过鼠标或触摸屏等方式与展品进行互动，深入了解文物的细节和背后的故事。此外，虚拟展馆还可以提高博物馆的知名度和影响力，吸引更多的观众前来参观实体博物馆。虚拟展馆的应用范围非常广泛，不仅可以用于历史博物馆、艺术博物馆、科技博物馆等不同类型的博物馆，也可以用于文化遗产保护、教育等领域。例如，一些历史悠久的文化遗产，由于年代久远和环境变化等，已经受到了一定的破坏，而虚拟展馆可以通过数字化建模技术，将这些文化遗产进行复原和保存，让后人能够更好地了解和认识这些文化遗产。虚拟展馆是一种具有巨大潜力的技术，在扩大观众参观范围、提高博物馆知名度、促进历史文化遗产保护等领域中，都发挥了重要作用，随着未来技术的不断进步和发展，虚拟展馆的应用前景也会越来越广阔。

（2）互动展示

互动展示是一种创新的展示方式，通过将数字技术与实体文物巧妙地结合在一起，为观众带来一种前所未有的体验。通过在文物周围设置高清晰度的触摸屏或投影设备，观众可以与文物进行直观而有趣的互动。通过这种方式，观众不仅可以深入了解文物的历史和文化背景，还可以借助虚拟现实技术，身临其境地体验文物所处时代的场景。这种展示方式具有许多优点。首先，互动展示可以增强观众与文物之间的互动。传统的展示方式往往使观众只能通过观察来了解文物，而互动展示则为观众提供了更多参与的机会，使观众能够更加深入地了解文物。其次，互动展示可以提高观众对文物的兴趣。通过与文物的互动，观众可以更加生动地了解文物背后的故事，从而激发自身对文物的兴趣和好奇心。最后，互动展示还可以增强观众对文物的理解。通过虚拟现实技术，观众可以更加直观地了解文物所处时代的场景和背景，从而更好地理解文物的历史和文化价值。

互动展示是一种富有创意的展示方式，可以为观众带来更加生动、直观的历史文化体验。

2. 互动体验在博物馆策展中的应用

（1）教育活动

教育活动是博物馆策展中重要的组成部分，旨在为观众提供更深入、有趣的互动体验。这些活动形式多样，包括讲座、研讨会、亲子活动等，能够满足不同年龄段、不同兴趣的观众的需求。通过参与这些活动，观众可以更全面地了解文物的历史和文化背景，以及相关的学术问题。这些教育活动不仅有助于提高观众的认知水平，还可以促进观众之间的交流和互动，增强观众对博物馆的归属感和参与度。在讲座和研讨会中，专家学者会为观众呈现精彩的演讲，分享最新的研究成果和观点。这些活动不仅可以让观众了解学术界的最新动态，还可以激发群众对文物的兴趣和热爱。亲子活动则是专门针对家庭观众设计的，通过互动游戏、手工制作等方式，让孩子们在轻松愉快的氛围中感受文物的魅力。此外，教育活动的组织形式也需要不断创新和改进，可以采取现场教学、网络直播、线上互动等多种形式，以满足不同观众的需求。同时，还需要注重活动的策划和实施，确保活动的质量和效果。

（2）互动游戏

互动游戏是一种创新而有趣的方式，可以将游戏元素与文物相结合，为观众带来一种全新的互动体验。通过精心设计与文物相关的游戏，观众可以更加深入地了解文物的历史和文化背景，同时还可以在游戏中与其他观众进行互动和竞争。这种互动体验方式使观众更加愿意参与其中，激发群众对文物的好奇心和兴趣。互动游戏在博物馆中具有许多优势。首先，提高了观众的参与度。通过游戏，观众不再是被动的参观者，而是积极参与其中，亲手操作游戏设备，与其他观众展开互动。其次，互动游戏增加了博物馆的娱乐性。游戏使得观众在参观过程中能够享受到乐趣，同时也为博物馆增添了多样化的展示方式。最后，互动游戏提高了博物馆的吸引力。对于年轻人和家庭游客来说，这种新颖的互动体验方式更具吸引力，能够吸引更多的观众前来参观。在互动游戏中，集娱乐与教育为一体进行展示，可以为观众提供新的参观体验，同时也为博物馆增添了吸引力和娱乐性。游戏元素与文物的结合展现，更是让观众在轻松愉快的氛围中，了解并学习历史和文化知识，提高了博物馆的社会影响力。

（3）社交媒体互动

社交媒体是博物馆与观众之间进行互动的重要平台，可以为博物馆提供一个广泛而便捷的渠道，以便与观众进行实时互动和交流。通过在社交媒体上发布展览信息、活动安排、研究成果等内容，博物馆可以扩大自己的影响力，吸引更多的观众前来参观。这些内容不仅可以让观众了解博物馆的最新动态，还可以促进观众与博物馆之间的互动和交流。同时，观众也可以通过社交媒体与博物馆进行互动和交流，提出自己的意见和建议，促进博物馆的改进和发展。这种互动不仅可以增强观众对博物馆的认知与信任，还可以为博物馆提供宝贵的反馈和建议，帮助博物馆不断提高和完善自己的服务。

数字化和互动体验，是博物馆策展中越来越重要的因素。通过应用数字化技术，博物馆可以扩大自己的展示范围，提高观众的参与度和兴趣。通过设置互动体验活动，博物馆可以增强观众的参与度和归属感，提高展览的教育效果和娱乐性。未来，随着科技的不断进步和互联网的进一步发展，博物馆策展中的数字化和互动体验将会更加丰富和多样化。

二、多元化与跨界合作

博物馆作为文化的载体，一直以来都在不断地尝试与各种元素进行融合，以便更好地展示和传播文化。多元化与跨界合作，是近年来博物馆策展中最为突出的两个趋势。当代博物馆的策展趋势，也逐渐呈现出多元化、跨界合作的特点。博物馆不再仅仅展示文物和历史，而是将展览与其他领域进行结合，如艺术、科技、环保等，以更加丰富、多元的方式呈现历史和文化。博物馆也越来越注重与其他机构、企业等进行跨界合作。这种合作可以是基于展览的主题、内容等方面的合作，也可以是基于技术、人才等方面的合作。通过跨界合作，博物馆可以更好地整合资源，拓宽展览的广度和深度，提高展览的质量和影响力。

1. 博物馆的多元化

博物馆的多元化，不仅体现在藏品上，还体现在策展理念、呈现方式以及受众群体等多个方面。从藏品多元化的角度分析，随着全球化的不断推进，博物馆的藏品也变得越来越多元化。这些藏品不仅包括来自世界各地的珍贵文物，还包括各种艺术品和历史遗物。这些藏品的多样性，不仅反映了不同国家和地区的文化特色，也使得博物馆的展览内容更加丰富多样。通过这些藏品，观众可以更加全面地了解各种文化的历史、艺术和文化背景等方面的知识。因此，博物馆的藏品多元化，在促进全球文化交流、增进对人类文明了解等方面，具有重要的研究意义。从策展理念多元化的角度分析，现代博物馆的策展理念，已经不再仅仅局限于传统的展示方式，而是开始积极探索将文化与科技、艺术、教育等多个领域进行深度融合。通过多元化的呈现方式，现代化博物馆不仅让观众能够更加深入地了解文化的内涵和价值，同时也为观众提供了一种全新的、富有启发性的体验。在具体的策展实践中，现代化博物馆通常会采用高科技的手段，如虚拟现实、增强现实等技术，将文化元素以更加生动、形象的方式呈现给观众。此外，现代化博物馆还会通过与艺术家、教育机构等合作伙伴共同策划展览和活动，以更全面、更深入的角度来解读文化。这种多元化的呈现方式，可以吸引更多观众前来参观，并且让观众在体验中感受到文化的魅力和价值。现代化博物馆还会通过社交媒体、线上平台等渠道，与观众进行有效互动，进一步扩大文化的影响力，增强文化传播的范围。因此，现代化博物馆的策展理念，已经不再局限于传统的展示方式，而是开始尝试将文化与多领域进行融合，通过多元化的呈现方式，让观众能够更加深入地了解文化的内涵。从呈现方式多元化的角度分析，为了更好地吸引观众，博物馆在展览的呈现方式上，同样也进行了不断创新。除了传统的静态展示之外，还加入了多媒体、互动体验、艺术表演等多种形式，让展览更加生动、有趣。例如，一些博物馆采用了交互式展览，观众可以参与其中，亲身体验展品的历史和文化背景。同时，一些博物馆还采用了虚拟现实技术，让观众能够更加深入地了解展品的历史，体现其文化价值。这些创新形式的展览活动，不仅让观众更加深入地了解展品的历史价值，同时也为博物馆带来了更多的参观者和收入。从受众群体多元化的角度分析，博物馆已经不再是仅仅面向专业人士和文物爱好者的场所，而是越来越多地向普通公众开放。这个观点可以从近年来博物馆参观人数的不断增长、展览内容的多样化等方面得到证实。为了满足不同受众群体的需求，博物馆在展览内容和呈现方式上，也进行了多元化的设计，让更多的人能够从展览中获得乐趣和收获。这种多元化的设计，不仅体现在展览内容的丰富性上，还包括展览形式的多样性，如互动式展览、多媒体展示等，使得参观者能够更加深入地了解和感受展品。博物馆还会定期举办各种主题的讲座和活动，以吸引更多的观众参与其中。因此，可以说博物馆已经成为越来越多人的文化休闲和学习知识的场所。

2. 跨界合作

跨界合作是博物馆策展中的另一个重要趋势。通过与其他领域、行业的合作，可以让博物馆的展览更加全面、深入，也能够更好地满足观众的需求。

与科技领域的合作中，博物馆开始尝试将科技与文化进行融合。通过数字化技术、虚拟现实技术等先进手段，博物馆为观众打造了一个更加深入了解文物和历史文化的平台。这些技术不仅让观众能够更加真实地感受到文物的魅力，还能够让观众在虚拟环境中，亲身体验古代文明和历史事件。而数字化技术的应用，使得博物馆能够将文物进行复制、修复和保护，同时通过互联网将这些珍贵的文物资源分享给更多的人。虚拟现实技术则让观众能够身临其境地感受古代文明和历史事件。这种沉浸式的体验，不仅让观众更加深入地了解历史文化，还能够激发人们对文物和历史文化的兴趣与热爱。一些博物馆还通过数字化技术，建立起了线上展览的活动形式，让观众可以在家中就能够欣赏到珍贵的文物和历史文化。这些先进技术的应用，让博物馆更加现代化，更具有科技感，也为其未来的发展带来了更多的机遇和可能性。

与艺术领域的合作中，博物馆与艺术家之间的合作，可以创造出更加生动、有趣的展览。通过将艺术作品与历史文化相结合，观众能够更深入地感受到文化的内涵和价值。这些艺术作品不仅展示了历史的独特魅力，还为观众提供了一种全新的视角来了解历史文化的精髓。博物馆与艺术领域的合作，还可以通过其他方式来丰富展览内容。例如，一些博物馆会邀请艺术家创作与展览主题相关的当代艺术作品，以吸引更多年轻观众的关注。这些作品不仅具有强烈的视觉冲击力，还能够引发观众的思考和探讨，从而进一步增强人们对历史文化价值的理解。这有助于艺术家和博物馆之间建立一种更紧密的合作关系，共同推动文化事业的发展。

与教育领域的合作中，博物馆作为富含历史底蕴、承载文化传承的重要教育资源，其与教育领域的紧密合作显得尤为重要。通过与学校、社区等教育机构的深度合作，博物馆能够将历史文化知识传播给更广泛的人群，激发人们的学习热情，提高创造力，进一步推动文化的传承和发扬。在具体操作层面，博物馆可以与学校开展一系列合作项目，如定期举办历史文化讲座、展览和互动体验活动，为学生提供实践学习的机会，让学生们在深入了解历史文化的同时，也能感受到其独特的魅力和价值。博物馆还可以与社区合作，开展文化交流活动，将博物馆资源与社区教育相结合，让历史文化融入民众日常生活，进一步增强文化认同感和归属感。在教育效果方面，博物馆与教育领域的合作，能够带来多方面的益处。首先，通过历史文化知识的传播和普及，能够提高学生的综合素质和文化修养，培养学生的社会责任感，树立民族自豪感。其次，博物馆的丰富资源，能够为学校提供独特的教学素材，拓展学生的知识视野，激发学生的学习兴趣，培养学生的创新精神。博物馆与社区的合作，还能够促进社区文化的建设和发展，推动社区居民之间的文化交流和互动，营造和谐的文化氛围。作为重要的教育资源，博物馆应与学校、社区等教育机构，保持良好的合作关系，从而吸引更多的人了解历史文化，促进文化的传承和发扬。

与旅游产业的合作中，博物馆拥有丰富且重要的文化旅游资源，其丰富的历史文化内涵和独特的展览内容，无不吸引着众多游客前来参观。为了更好地满足游客的需求，博物馆与旅游产业的合作显得尤为重要。博物馆通过与旅游产业的紧密合作，可以使得更多的人了解博物馆的展览内容，领略其深厚的文化底蕴，同时也可以为当地的社会经济发展带来积极的推动作用。博物馆通过与旅游产业的合作，可以制订更为精准的市场营销策略，提高自身的知名度和美誉度。通过与旅行社的合作，可以使得更多的游客了解到博物馆的展览内容，并安排合适的行程，使得游客在旅途中充分领略博物馆的魅力。博物馆也可以借助旅游产业的网络渠道，扩大自身的宣传范围，进一步提高自身的知名度。博物馆作为重要的文化场所，可以吸引众多游客前来参观，从而带动餐饮、住宿、购物等相关产业的发展。同时，博物馆的展览内容也可以与当地的历史文化相结合，进一步挖掘当地的文化资源，推动文化产业的繁荣发展。

三、社交媒体与宣传推广

当代博物馆的策展趋势，还体现在社交媒体和宣传推广方面。如何有效地利用社交媒体进行宣传推广，提高博物馆的知名度和影响力，成为博物馆界需要探讨的重要问题。随着社交媒体的普及，博物馆也越来越注重利用社交媒体进行宣传推广。通过微博、微信等社交媒体平台，博物馆可以发布展览信息、活动安排等，并与观众进行互动交流，提高观众的参与度和黏性。博物馆还通过与其他机构、企业等进行合作，共同推广展览。例如，一些博物馆会与旅游机构合作，将展览与旅游线路相结合，共同推广历史文化旅游；还有一些博物馆会与企业合作，将展览与企业文化相结合，共同推广企业文化和历史。

首先，社交媒体为博物馆提供了一个广泛的传播平台。通过社交媒体，博物馆可以将展览信息、文物知识、活动预告等各类信息，快速、广泛地传达给受众。同时，社交媒体也使得博物馆能够更好地与观众进行互动，通过及时了解观众的需求和反馈，进而不断改进展览内容和策展工作。其次，社交媒体可以为博物馆带来更多的曝光机会。通过在社交媒体上发布高质量的文物照片、展览信息和活动预告，博物馆可以吸引更多的关注和转发。通过与其他机构、专家、评论员等合作，博物馆可以进一步扩大自己的影响力，提高知名度。然而，社交媒体也给博物馆的策展工作带来了一些挑战。一方面，社交媒体的传播速度极快，一旦出现错误或者负面信息，就可能对博物馆的形象和声誉造成严重影响。另一方面，社交媒体的传播方式，与传统媒体的传播方式存在很大的差异，博物馆需要适应这种新的传播方式，才能更好地与观众进行互动和交流。

为了更好地利用社交媒体进行宣传推广，博物馆需要做好以下几个方面的工作。一是建立专业的社交媒体运营团队。这个团队需要具备专业的文物知识、展览策划能力和社交媒体运营经验，能够有效地将博物馆的展览信息、文物知识和活动预告等信息，及时传达给受众，并与他们进行互动和交流。二是制订合理的社交媒体宣传策略。博物馆需要根据不同的展览主题和目标受众，制订合理的宣传策略，包括发布内容、发布时间、发布渠道等方面。同时，需要根据不同的宣传策略，制订相应的宣传预算和时间表。三是利用数据分析和用户反馈进行优化。社交媒体的后台，可以提供大量的用户数据和反馈信息，博物馆可以通过对这些数据的分析，了解观众的需求和喜好，进而优化展览内容和策展工作；也可以根据观众的反馈信息，及时调整宣传策略和活动安排。四是加强与其他机构和评论员的合作。博物馆可以与其他机构、专家、评论员等合作，共同开展宣传推广活动。也可以借助这些合作伙伴的力量，扩大自己的影响力，提高自身的知名度。最后，需要注意的是，社交媒体只是博物馆宣传推广的一种手段，不能完全代替传统的宣传方式。在策展工作中，博物馆需要根据实际情况，选择最为合适的宣传方式和渠道，将社交媒体与传统媒体相结合，达到更好的宣传效果。

四、个性化和专业化

当代博物馆的策展趋势也呈现个性化和专业化的特点。每个博物馆都有其独特的主题和定位，因此其策展也需要根据自身特点进行个性化设计。例如，一些以地方文化为主题的博物馆，其策展就需要突出地方特色和文化底蕴；一些以科技为主题的博物馆，其策展就需要突出科技与历史的结合和创新。博物馆的策展也越来越注重专业化。策展人员需要具备专业的知识和技能，能够对文物、历史等进行深入研究和分析，从而呈现更加专业、深入的展览。博物馆通过加强与学术机构、专家学者的合作，可以共同推动学术研究和文化传承。

1. 个性化策展

个性化和专业化是当前博物馆策展的重要方向，旨在为观众提供更加丰富、深入和个性化的参观体验。在个性化策展中，以满足观众的不同需求和兴趣为出发点，通过各种手段为每位观众提供定制化的参观体验。首先，进行定制化导览：个性化策展的一个重要方面，是为观众提供定制化的导览服务。为了提供更加精准的导览服务，导览员会提前收集观众的兴趣和需求信息。这些信息可能包括观众的年龄、性别、职业、兴趣爱好等。通过深入了解观众的特点，导览员可以针对不同观众提供相应的解说和引导。例如，对于喜欢艺术的观众，导览员可以重点介绍展品中的艺术价值，以及艺术家的创作背景；对于喜欢科技的观众，导览员可以侧重于科技原理和应用的讲解。这样的导览服务能够让观众在参观过程中，获得更加贴合自己兴趣的体验，从而增强参观的愉悦度和收获。其次，开展互动式体验：为了满足观众的不同需求，当代博物馆还注重为观众提供互动式体验。通过设置互动展览和活动，让观众能够亲身参与其中，从而获得更加深入和个性化的参观体验。通过精心设置的互动展览和各种活动，观众可以更加深入地参与到展览中，从而获得更加独特和个性化的参观体验。这种互动式的体验方式，不仅可以让观众更加了解展品的历史和文化背景，还可以激发其兴趣，进一步增强群众对博物馆的喜爱和忠诚度。在博物馆的互动展览中，一些高科技的应用也得到了广泛的应用。例如，一些博物馆设置了虚拟现实（VR）或增强现实（AR）的展览，让观众能够通过先进的技术，更加深入地了解展品的历史和文化背景。这些高科技的应用，不仅可以让观众获得更加震撼和真实的参观体验，还可以为博物馆带来更多的科技感和现代感。当代博物馆还注重为观众提供更加贴心和个性化的服务。例如，一些博物馆设置了专门的儿童区和家庭区，为家庭游客提供更加适合的参观体验。同时，博物馆还会定期举办各种讲座、研讨会和社区活动，为观众提供更加丰富的文化活动和交流机会。这些贴心和个性化的服务，不仅可以提高观众的满意度和忠诚度，还可以为博物馆带来更多的社会效益和经济效益。

在个性化展览中，当代博物馆还会根据观众的兴趣和需求，定期举办个性化展览。这些展览可以是关于特定主题、艺术家或历史时期的，也可以是根据观众反馈和数据分析而设计的。通过这些个性化展览，博物馆能够吸引更多不同类型的观众，并满足不同群众的不同兴趣和需求。

2. 专业化策展

从专业化策展方面分析，也是当代博物馆发展的另一个重要趋势。以提高博物馆的专业水平和服务质量为出发点，通过各种手段为观众提供更加专业、深入和高质量的参观体验。

首先，开展专业化的展览策划。高度专业化策展是博物馆在策划展览时必要的一项品质，这不仅需要策展人员具备深厚的专业知识，还需要拥有出色的技能和研究能力。对于艺术、历史、文化等方面的深入了解和研究，是保证展览质量和专业性的关键因素。为了实现展览的针对性和吸引力，策展人员还需要具备高超的沟通技巧和策划能力；同时，还需要与艺术家、历史学家、文化研究者等各领域的专家进行深入交流，以获取最新的信息和资源。策展人员通过各种手段来吸引和满足不同类型观众的需求，包括设计引人入胜的展览内容、制订具有吸引力的宣传策略、提供多样化的活动和服务等。在展览策划过程中，策展人员还需要对各种细节进行周全的考虑。例如，需要确保展览环境的舒适度和安全性，为观众提供良好的参观体验，关注展览的可持续性和环保性，以实现博物馆的社会责任和品牌价值，等等。只有具备专业知识和技能的策展人员，才能够保证展览的质量，确保其专业性，并吸引和满足不同类型观众的多元化需求。

其次，注重高质量的展品和设施。在专业化的策展要求下，博物馆不仅需要具备高质量的展品和设施，还需要不断更新和优化其藏品，以确保展示的内容具有代表性和吸引力。同时，博物馆还需要提供先进的展示设施和技术，例如高清大屏幕、立体音响等，以营造更加逼真的展示效果，让观众能够获得更加优质、震撼的视觉体验。博物馆作为公共文化机构，除了展示功能外，还需要提供专业的教育和娱乐设施。这些设施包括教育中心、讲座厅、临时展厅等，可以满足不同年龄段和不同兴趣的观众的需求。博物馆还需要不断更新其教育和娱乐内容，以保持其吸引力，不断扩大自身影响力。

最后，要加强学术研究和合作。专业化的策展工作，不仅要求博物馆具备深厚的学术研究能力，还要求其具备广泛的合作能力。为了确保展览的专业性和深度，博物馆需要不断进行各项学术研究工作。这包括对文物进行深入研究，对历史事件进行详细调查，以及对艺术作品进行专业评论等。同时，博物馆还需要积极与其他机构、学术团体和企业展开合作，共同推动博物馆事业的发展。通过这些学术研究和合作活动，博物馆能够不断提高自身的专业水平和服务质量，为观众提供更加专业、深入和高质量的参观体验。比如在学术研究方面，博物馆需要拥有一支由专家和学者组成的团队，能够对文物、历史和艺术进行深入研究和评论。这些研究不仅需要基于历史文献的梳理和分析，还需要结合现代科技手段进行实验和研究。通过这些学术研究工作，博物馆能够更加全面地了解文物和历史事件，为展览提供更加准确和权威的信息。在合作方面，博物馆需要与众多机构、学术团体和企业展开合作。例如，博物馆可以与高校、研究机构合作，共同开展文物研究和历史调查项目；可以与企业合作，获得资金和技术支持；可以与艺术机构合作，共同举办艺术展览和文化活动等。通过这些合作，博物馆能够获得更多的资源和支持，促进博物馆事业的发展。这些活动不仅能够满足观众的需求，还能够为博物馆带来更多的社会认可。

　　当代博物馆的策展趋势，呈现数字化、多元化、社交媒体、个性化和专业化的特点。随着社会的不断发展、科学技术的不断进步，博物馆需要不断更新观念、创新思路和方法，更好地满足观众的需求和提高展览的质量。同时，博物馆还需要不断加强与其他机构、企业等的合作，共同推动文化传承和发展。个性化和专业化是当代博物馆发展的两个重要趋势。通过满足观众的不同需求，提高博物馆的专业水平，提升整体服务质量，当代博物馆可以更好地实现其教育和娱乐功能，为观众提供更加丰富、深入和个性化的参观体验。

第二章 博物馆策展流程

第一节 策展计划与主题选择

博物馆策展工作是一项至关重要的任务，不仅涉及观众对于历史文化、科学与艺术的深入了解，更在某种程度上决定了公众对一个时期、一个地区乃至一个国家的历史与文化的认知。在繁复的策展工作中，策展计划与主题选择方面尤为重要。不仅需要考虑到各种历史事件、文化背景、艺术流派等复杂因素，还需要对目标观众的需求和兴趣，进行深入的研究和分析。为此，一个优秀的策展人需要具备敏锐的洞察力、深厚的文化素养、严谨的学术素养以及良好的组织协调能力。同时，还需要不断关注国内外博物馆界的新动态、新趋势，不断汲取新知识、新技能，不断提高自己的综合素质。只有这样，才能为观众呈现一场又一场精彩绝伦的展览，让观众在欣赏艺术之美时，也能够感受到历史与文化的深厚底蕴。

一、策展计划

1. 确定展览目标

策展人首先需要明确展览的目标。这可能涉及展示特定时期的历史，例如文艺复兴时期或现代艺术时期的作品；或者是推广某个艺术家或艺术流派，例如印象派或抽象派；又或者是教育公众关注某个主题，例如环保、社会问题等。明确的目标有助于制订更具针对性的展览计划，吸引目标观众，提高展览效果。在制订展览计划时，策展人需要考虑展览的规模、预算、场地等因素。根据展览目标的不同，展览计划也需要做出相应的调整。例如，如果展览目标是推广某个艺术家的作品，那么在选择作品时，就需要考虑该艺术家的代表作品、风格等；如果是教育公众关注某个主题，那么在选择作品时，就需要考虑该主题的相关作品、历史背景等。在确定展览计划后，策展人需要与艺术家、博物馆、画廊等相关合作伙伴进行相应的沟通和协调。这需要策展人具备良好的沟通能力和团队合作精神，确保展览计划的顺利实施。同时，策展人还需要与媒体、公关公司等合作，宣传展览，提高展览的知名度。在展览期间，策展人需要负责展览的管理和运营。这包括协调展品布置、安排展览活动、管理志愿者等。作为策展人员，还需要接待观众的咨询和投诉，并及时解决问题。策展人员还需要与合作伙伴保持密切联系，确保展览的顺利进行。

2. 研究与策划

在确定目标后，策展团队需要进行广泛的研究和策划。要细致地调查现有的文献、艺术作品、历史资料等，以确保需要展示的内容与展示方式、展示目标是相符合的。在这个过程中，需要从各种资源中获取灵感，深入研究并理解每个元素的特点和要求。相关团队还需要考虑展览的布局、灯光、音效等因素，以创造一个完美的展示环境。为了确保展览的成功，策展团队需要进行周密的策划和准备。通过与艺术家、历史学家、技术人员等各个领域的专家进行合作，共同制订展览计划和实施方案。同时，还需要对展览的预算、安全、宣传等方面，进行全面、细致的考虑和规划。在展览的实施阶段，策展团队需要精心组织和安排各项工作，需要与工作人员密切合作，确保展览的每个环节都得到妥善处理。在这个过程中，还需要与观众进行沟通和互动，提供相关的信息和指导，以增强观众的参观体验，提高观众的满意度。策展团队精心组织和安排各项工作，并与各个领域的专家合作，可以共同创造一个完美的展览，并为观众带来一场视觉和知识的盛宴，让人们更好地了解和欣赏艺术与文化。

3. 制订时间表

展览的策划是一项复杂且需要精细规划的任务，需要合理的时间安排，以确保所有环节都得到妥善的执行。为此，策展人应该精心制订一份详细的时间表，涵盖了从研究、策划、筹备、宣传到开放的每一个环节。这些环节的时间安排要恰到好处，以确保有足够的时间进行深入研究，使策划方案更加完善，同时也能让宣传工作得到充分的准备和推广。如果某个环节的时间不足，可能会导致展览的准备工作不够充分，或者宣传效果不理想，从而影响整个展览的效果。因此，合理的时间安排对展览的成功举办是至关重要的。

4. 预算与资源

策展人在策划展览时，需要根据展览的目标和规模，制订合理的预算方案。这包括场地的租赁费用、展品的购置费用、灯光音效设备的租赁费用以及宣传费用的预算等。为了确保展览的成功举办，策展人需要全面考虑展览的各个方面，并精确计算各项费用。同时，为了确保展览的质量和效果，策展团队还需要积极寻求各种资源，如赞助商的赞助和志愿者的参与。这些资源的利用，可以帮助策展人更好地完成展览任务，提高展览的质量和效果。因此，合理的预算和积极的资源寻求，是策展人成功策划展览的重要保障。

二、主题选择

1. 确定展览主题

展览主题的选择是策展工作的核心，不仅决定了展览的整体方向，还直接影响了观众的参观体验和感受。在确定主题时，策展人需要考虑博物馆的定位和目标，确保主题与博物馆的专业领域和受众群体相符合。同时，主题还需要具有吸引力和独特性，能够引起观众的兴趣和好奇心，使观众在参观的过程中，可以获得深刻的感受和启示。为了实现这些目标，策展团队需要深入研究和了解博物馆的藏品、历史和文化背景，以及当前社会和观众的需求和兴趣。可以通过借鉴历史事件、文化传统，或者聚焦于某个艺术家或艺术流派，以此来制订一个具有吸引力和独特性的展览主题。在确定主题后，策展人还需要考虑展览的策划和设计。这包括展品的挑选、布局和展示方式，以及展览氛围的营造等。策展人需要确保展览的策划和设计能够充分体现该主题，并能够让观众在参观过程中，真切感受到展览所传达的信息和情感。因此，展览主题的选择，可以说是策展工作中至关重要的一环。

2. 主题的深度与广度

确定主题后，策展人需要仔细权衡展示内容的深度与广度。在深度方面，可以选择主题的某个特定方面进行深入挖掘，以展示该主题的内在价值和影响力。例如，如果主题是"人工智能"，那么策展人可以选择探讨人工智能在医疗、交通、教育等领域的应用，并详细展示这些应用如何改变人们的生活。在广度方面，策展人可以选取不同时期、不同地域的相关内容进行展示，以展现主题的历史演变和全球影响力。例如，在"人工智能"主题展览中，策展人可以展示从最早的专家系统，到现在的深度学习算法的发展历程，展示不同地区在人工智能领域的研究成果和应用场景。通过合理的深度和广度安排，策展人可以向观众呈现一个全面而深入的主题展览。这样的展览方式，不仅可以让观众了解主题的基本知识，还可以激发观众对主题的深入思考，激起探索兴趣。对不同时期和地域的展示，也可以增强观众对主题的历史和文化背景的理解。

3. 观众兴趣

在确定展览主题时，策展人需要充分考虑观众的兴趣和喜好。为了制订更具吸引力的展览计划，需要通过各种方式了解观众对某个主题的关注度。例如，通过市场调查来收集观众的反馈和意见，从而更好地了解观众的需求，分析观众的普遍期望。此外，策展人还可以通过社交媒体、在线调查和现场采访等方式，合理收集观众的反馈信息，以便更准确地了解观众的兴趣和关注点。通过这些调查和研究，策展人可以制订更具吸引力的展览计划，并为观众提供更好的参观体验。在这个过程中，要充分考虑哪些主题最受观众欢迎，哪些展品或展示方式最能吸引观众的注意力。此外，策展人还可以根据观众的兴趣和反馈，合理调整展览计划，以满足不同观众的需求，为展览带来更多的关注度和影响力。

4. 主题创新

为了吸引更多观众，策展人需要积极寻找新颖的主题。这些主题可以是将新视角引入经典主题，或者是选取较少被关注的艺术家或艺术流派进行推广。通过这些独特的主题，策展人可以引起观众的兴趣，让观众对展览充满期待和好奇心。同时，为了给观众带来更加丰富的体验，策展人还可以结合现代科技手段，如虚拟现实、增强现实等技术，为观众带来全新的参观体验。这些科技手段可以为观众带来沉浸式的感受，让展览变得更加生动和有趣。通过这些创新的方法，策展人可以吸引更多的观众前来参观展览，并让观众对展览留下深刻的印象。

5. 教育功能

博物馆展览，作为文化交流的重要平台，应当充分展现其教育功能。为此，策展人需要巧妙地选择与学校课程紧密相关的主题，以此为观众提供更具实用性和针对性的展览内容。这样的策展思路，可以帮助博物馆更好地融入教育体系，成为学生课外学习的有益补充。针对特定群体，如儿童、学生和老年人，策展人可以制订更为精细的展览方案。例如，对于儿童和学生，展览可以以寓教于乐的方式，通过互动性的展品和图文并茂的解说，激发他们的学习兴趣和好奇心；而对于老年人，则可以着重选择一些回顾历史、文化传承类的主题，以唤起他们的共鸣和回忆。通过这些有针对性的策展方案，博物馆不仅能够提高观众的参观体验，还能更有效地实现其教育目标。这样的策展思路，不仅能够提升博物馆的社会影响力，还能为推动全民教育、促进社会文化发展做出积极贡献。

博物馆策展是一项复杂而重要的工作，在策展过程中，策展人需要制订详细的计划，选择合适的主题，吸引更多的观众。通过深入研究、广泛策划以及充分考虑观众兴趣和市场环境，策展人可以成功地策划出具有教育意义和观赏价值的展览活动。同时，结合现代科技手段也可以不断创新展览方式，这有助于提高博物馆的影响力，增强知名度。

第二节 展览设计与布局

在博物馆策展中，展览设计与布局是至关重要的一环，直接影响到观众的参观体验，关系到博物馆的教育功能。这一环节不仅关乎美学的呈现，更涉及如何有效地将展品以创新和吸引人的方式进行充分展现。为此，展览设计需要结合艺术、科学、历史、文化等多方面的因素，进行精心构思和策划。展览设计需要具备创新思维和独特的视角。设计师需要充分了解展品的内涵和价值，以及其所要传达的信息和情感；同时，还需要考虑到观众的审美趣味，结合相关知识背景，以设计出能够吸引和引导观众的展览。展览布局也需要根据展品的特性和展示目的，进行合理的规划及安排。例如，对于一些珍贵的文物，需要采取特殊的保护措施，如使用玻璃罩或者灯光照射等，以保护文物的安全。同时，布局还需要考虑到观众的流动性和观看角度，以及展品的排列顺序和展示方式等。展览设计与布局的优劣，会直接影响到观众的参观体验和教育效果。一个好的展览设计，能够让观众在欣赏展品的同时，深入了解其背后的历史和文化内涵，从而获得更深刻的认识和体验。展览还可以通过互动和参与等方式，增强观众的参与感和体验感，进一步发挥博物馆的教育功能。综合考虑多方面的因素和条件，只有通过精心的设计和策划，才能呈现高质量的展览，为观众带来难忘的参观体验。

1. 明确展览主题与目标

展览设计与布局的首要任务，是明确展览的主题与目标。一个成功的展览，应当具有明确的主题和清晰的目标，能够准确地传达展览的核心信息。

主题的确定应基于对展品、观众和博物馆自身的深入理解，挖掘其深层次的价值和意义。而目标则应包括教育、研究、娱乐等多方面，为观众提供多维度的参观体验，让观众在展览中获得更多的知识和启示。在展览设计与布局中，只有确定了主题和目标，才能更好地规划展览的叙事线，选择合适的展品和展示方式，以及制订相应的展览策略。一个好的展览应该能够吸引观众的注意力，激发观众的好奇心，同时传达出展览的核心信息。因此，展览的设计与布局需要考虑到诸多因素，如展品的特性、观众的需求、博物馆的品牌形象等。

在确定展览主题和目标的过程中，需要对展品、观众和博物馆自身进行深入的分析和研究：对于展品，需要了解其历史背景、文化内涵、艺术价值等方面的信息；对于观众，需要了解其兴趣爱好、教育背景、参观需求等方面的信息；对于博物馆，需要了解其品牌形象、定位、资源等方面的信息。只有充分了解这些信息，才能更好地确定展览的主题和目标，深入分析展品、观众和博物馆自身的特点，制订出合理的展览策略，为观众提供优质的参观体验。

2. 空间规划与流线设计

空间规划方面：博物馆的展览空间需要合理规划，以满足不同类型展览的需求。空间规划应考虑展品的种类、数量、展示方式等因素，同时要考虑到观众的流动与停留。在空间规划中，应注重以下几点：首先要合理利用空间，根据展览需求，对博物馆的空间进行合理分配，既保证展览的充分展示，又不过度压缩展品和观众的活动空间；其次要创造多层次的展示空间，通过设置不同高度的展台、展示柜等，创造多层次、立体化的展示空间，使展品得以充分展示，同时为观众提供丰富的视觉体验；最后要考虑观众体验，在空间规划中要充分考虑观众的体验，设置足够的休息区、咨询台等设施，以满足观众的需求。

流线设计方面：观众的流动路线，也是展览布局中需要考虑的重要因素。流线设计应引导观众按照一定的顺序参观展品，避免走重复路线或错过重要展品。流线设计中应注意以下几点：首先要明确导向标识，通过设置明显的导向标识，引导观众有序参观；其次是合理设置停留点，在展览中应合理设置停留点，让观众有足够的时间欣赏展品，同时也能增加观众的参观体验；最后是考虑参观节奏，流线设计应考虑观众的参观节奏，设置适当的转折点，使参观过程张弛有度。

3. 展览元素的搭配与呈现

内容与形式的统一：展览的设计与布局是非常重要的，需要注重内容与形式的统一。这意味着，展览的主题和目标，需要与所选择的展示手法和装饰元素相匹配，使得展览的风格与展品的内容能够相互映衬，相得益彰。同时，展品的摆放位置和角度也需要精确考虑，使其与整个展示环境相互协调，营造出一种和谐、一致的氛围。为了实现这些目标，设计师需要对展览的主题和目标有深入的理解，并具备丰富的创意和审美能力。首先，需要选择恰当的展示手法和装饰元素，使得展览的布局既具有吸引力和趣味性，又能有效地传达展览的主题和目标。其次，展品的摆放位置和角度，也需要经过精心的策划和设计，以最大限度地展示展品的价值和美感。最后，展览的设计与布局，还需要考虑观众的感受和体验。一个好的展览，应该能够让观众感到舒适、愉悦，同时也能让观众获得更多的知识和启示。因此，设计师需要从观众的角度出发，考虑观众的需求和感受，为其创造良好的参观体验。只有这样，才能创造出具有吸引力和价值的展览。

4. 色彩与光影的运用

色彩和光影是展览设计中不可或缺的重要元素，色彩和光影可以极大地影响观众的参观体验。在展览设计中，色彩和光影的运用应当成为一种艺术，充分利用它们的原理，能够营造出各种合适的氛围和独特的视觉效果。一方面，对于色彩来说，不同的色彩有着不同的心理感受和象征意义。例如，红色通常被认为代表着热情、积极和活力，而蓝色则给人以宁静、稳重和信任的感觉。在展览设计中，可以通过对色彩的选择和搭配，来创造出特定的氛围和效果。例如，如果想要突出展品的特色和美感，可以选择与展品颜色相衬的色彩进行搭配；如果想要强调或削弱某些元素的重要性，则可以通过运用不同的色彩对比来实现。另一方面，光影的运用在展览设计中也起着至关重要的作用。灯光的光影能够为展品增添层次感和立体感，而不同的灯光色彩则可以创造出各种情感氛围。例如，暖色调的灯光可以营造出温馨、舒适的氛围，而冷色调的灯光则给人以清新、明亮的感觉。在展览设计中，可以通过对灯光光影和色彩的精细调整，来达到突出展品特色、营造合适氛围和增强视觉效果的目的。同样，这也是为什么许多优秀的展览设计师，都高度重视色彩和光影的运用，并将其作为设计中的关键因素。

在博物馆中，色彩与光影的运用，对于展示和传达文物信息具有至关重要的作用。一个出色的展览案例可以吸引观众的注意力，增强观众的参观体验，并更好地展示文物的历史和文化价值。以一家现代艺术博物馆为例，馆内举办了一场名为"光影之境"的特展。这次展览聚焦于探讨光影与现代艺术之间的关系，以及如何通过色彩与光影的运用，表达艺术家的情感和创意。展览空间被设计成一个充满光影变化的多层次展示空间，墙壁、地板和天花板被漆成不同的颜色，以创造出一种梦幻般的氛围。光线通过不同的角度照射到展品上，产生了丰富的阴影和纹理。同时，为了使展览更具吸引力，博物馆还使用了一些现代科技手段，如全息投影和互动式灯光装置等。在展览的入口处，观众首先进入一个由蓝色和紫色灯光照亮的区域，这些色彩给人们带来宁静和神秘的感觉。接着，观众来到一个由橙色和黄色灯光照亮的空间，这些色彩让人感到温暖和活力。最后，观众进入一个由红色和粉色灯光照亮的区域，这些色彩象征着激情和浪漫。每个区域都展示了不同艺术家的作品，这些作品通过色彩与光影的运用，表达不同的情感和主题。通过这个展览，博物馆成功地展示了色彩与光影在艺术中的重要性。它不仅让观众体验到了现代艺术的魅力，还通过色彩与光影的运用合理传达了艺术家的思想和情感。这种运用不仅丰富了展览内容，还增强了观众的参观体验，使观众更好地理解了文物的历史和文化价值。

5. 材质与工艺的选择

展览设计中选用的材质和工艺，也是影响最终效果的关键因素。不同的材质和工艺，具有独特的质感和特点。例如，金属材质可以带来冷冽而现代的质感，玻璃材质则能折射出迷人的光影效果，而木质材料则能传递出自然与温馨的气息。因此，在展览设计过程中，需要根据展览的主题和目标，选择合适的材质和工艺。例如，如果展览主题是现代简洁的风格，那么可以选择金属、玻璃等现代材质和精工工艺，以营造出符合主题的视觉效果；如果展览目标是传递自然、温馨的氛围，那么可以选择木质、布料等传统材质和传统工艺，以营造出符合目标的氛围。展览设计中选用的材质和工艺是至关重要的，也是影响最终展览效果的关键因素之一。

在博物馆策展中，材质与工艺的选择，对于展品的展示效果和观众的体验有着至关重要的影响。假设我们正在为一个历史博物馆策划一个关于古代工艺品的展览。在这个展览中，将会展示一些古代的陶器、金属制品和纺织品。为了确保这些展品能够尽可能地展现出自身的历史价值和工艺之美，需要仔细考虑展品的材质和工艺。对于陶器，可以选择使用有机材质来显示其历史价值。如使用木质或竹质的展架，可以更好地衬托这些陶器，使其在视觉上更加突出。此外，还可以使用柔和的灯光、适当的背景，以增强这些陶器的质感和历史价值。而对于金属制品，则选择使用金属材质的展架来进行展示，这样可以突显金属制品的硬度和光泽，使其在视觉上更加亮眼。同时，也可以使用一些辅助照明，重点强调金属制品的细节和质感。对于纺织品，可以选择使用轻柔的材质进行展示。如可以用丝绸或棉质的布料衬托这些纺织品，使其在视觉上更加柔和；也可以使用一些装饰性的边框或画框，增强这些纺织品的艺术感。通过仔细考虑材质与工艺的选择，策展可以为博物馆中的展品创造更加引人入胜的展示效果。这不仅可以增强观众对展品历史和文化的了解，还可以提高观众的参观体验，树立对博物馆的美好印象。

第三节　互动性与参与性策展

在当代博物馆中，互动性和参与性已经成为策展的重要方向。这种变化不仅仅是技术进步的产物，也是社会变革和观众需求改变的结果。目前人们越来越重视体验和参与，博物馆不再是单纯的信息输出者，而是希望观众能够主动参与、体验和探索。这种转变反映了博物馆对于观众主体性的尊重，也体现了博物馆对于教育理念的更新。

一、互动展览

互动展览是互动性和参与性最直接的体现，可以为观众提供一个沉浸式的体验，让观众能够亲身参与并动手操作，从而更深入地了解展览内容。通过互动展览，观众不再是被动地接收信息，而是成为展览的参与者，亲手操作、亲身体验，从而更加深入地了解展览的主题和内容。例如，一些科技类博物馆设置的互动展览，可以让观众亲自动手进行实验，了解科学原理。在这些博物馆中，观众可以亲自操作实验设备，通过观察实验现象来理解科学原理。这样的互动展览不仅可以让观众更加深入地了解科学知识，还可以激发观众对科学的兴趣和好奇心。此外，互动展览还可以通过设置互动游戏、问答环节等方式，增强观众的参与感和互动性。这些游戏和问答环节，可以围绕展览的主题和内容设计，让观众在游戏中学习知识，提高观众的学习兴趣，增强参与度。

在博物馆策展中，互动展览不仅能够提高观众参与度，还能进一步优化观众的体验感。以中国国家博物馆的"复兴之路·新时代部分"展览为例，说明互动展览的应用。"复兴之路·新时代部分"展览，是中国国家博物馆策划的一场重要展览，旨在展示中国特色社会主义进入新时代的历程和成就。为了让观众更加深入地了解和体验这个展览，策展团队在展览中融入了大量的互动元素。首先，策展团队在展览的入口处，设置了一面"新时代墙"。这面墙上展示了新时代的标志性事件和人物，以及中国特色社会主义进入新时代的背景和意义。观众可以通过扫描墙上的二维码，了解更多关于新时代的背景知识和相关信息。其次，策展团队在展览中，设置了一个"新时代互动体验区"。这个区域通过虚拟现实、增强现实等技术手段，让观众可以更加深入地了解新时代的历史背景，分析其发展趋势。观众可以通过戴上虚拟现实头盔，身临其境地体验新时代的城市风貌、农村变革、科技创新等方面的发展变化。同时，这个区域还设置了一些互动游戏，让观众可以在游戏过程中，了解新时代的政策和措施。此外，策展团队还针对不同年龄段的观众，设置了不同的互动体验区。例如，针对儿童和青少年，策展团队设置了一个"新时代儿童体验区"。这个区域通过游戏、动画、手工制作等活动，让儿童和青少年可以更加深入地了解新时代的特色和亮点。策展团队还为这个区域设置了一些亲子互动环节，让家长可以和孩子一起参与其中。最后，策展团队在展览的出口处，设置了一个"新时代留言区"。这个区域让观众可以在留言板上，留下自己对新时代的感受和期望。策展团队对观众的留言进行了整理和归纳，将其中有代表性的观点和建议展示在展览现场，从而形成一个观众与展览之间的互动和交流。通过以上互动元素的设置，"复兴之路·新时代部分"展览不仅让观众更加深入地了解中国特色社会主义进入新时代的历程和成就，还激发了观众的参与热情和好奇心。这些互动元素也使得展览更加具有趣味性和互动性，从而提高了观众的满意度。互动展览是博物馆策展中一种非常有效的手段，通过设置各种互动元素，可以提高展览的质量和效果。当然，互动展览的设置，也需要根据不同的展览主题和目的，进行具体的规划和设计，使互动元素能够更好地服务于展览主题和目的。在未来的展览设计中，应该更加注重互动展览的设计和开发，为观众提供更加优质的展览体验。

二、参与式项目

参与式项目是一种非常独特而富有创意的方式，能够让观众更深入地参与到展览的策划和实施过程中。通过这种方式，观众不再仅仅是参观者，而成为展览的合作者，共同参与了展览的创作和呈现。这种参与式的方法，能够增强观众与展览之间的互动和联系，使展览更加生动、有趣和富有意义。在一些博物馆的参与式项目中，观众可以提交自己的个人故事或家族历史，这些故事会被精心挑选并展示在展览中。通过这种方式，博物馆不仅能够展示更多样化的内容和视角，还能够吸引更多的观众参与其中，激发观众的兴趣和热情。这种展览方式不仅让观众更加融入其中，也使得展览更加丰富和多元，更具有代表性和包容性。参与式项目不仅在博物馆中受到欢迎，也可以被广泛应用于各种不同的领域和场合。例如，在图书馆、艺术中心、社区活动等地方，都可以开展参与式项目，让观众更加深入地参与到活动之中，共同创造和分享价值。通过这种方式，人们可以更好地发掘和利用自己的潜力，促进个人和社会的共同发展。

随着社会的发展，公众对文化需求也在逐渐提升，博物馆已不再仅仅是展示文物的场所，而逐渐成为文化交流、互动和创新的平台。参与式项目中，强调观众参与、增强体验的特点，逐渐在博物馆策展中占据重要地位。参与式项目的意义包括增强观众体验、促进社区参与、提升教育效果等方面。首先，参与式项目是一种积极的学习方式，通过让观众亲身参与，增强了观众对展览内容的深入理解和独特体验。这种类型的项目，鼓励观众与展览内容进行互动，从而让观众能够更加深入地了解和掌握展览的主题和信息。通过参与式项目，观众可以更加深入地感受到展览的氛围，并从中获得更加丰富的知识和体验。这种学习方式不仅增强了观众的记忆，而且还可以激发学习热情。因此，参与式项目是一种非常有效的方法，可以帮助观众更好地理解和体验展览内容。其次，参与式项目也为社区提供了难得的机会，让居民能够亲身参与并融入到博物馆的各种活动中，不仅增加了社区的活力，还激发了居民的创造力，培养了合作精神。这些活动不仅丰富了居民的文化生活，还让其对博物馆和社区有了更深入的了解和认识，进一步增强了社区的凝聚力和归属感。参与式项目不仅让博物馆与社区更加紧密地联系在一起，也为社区居民提供了一个展示自我、发挥才能的平台，让每个人都有机会体验到自己作为社区成员的重要性和价值。最后，通过参与式项目，观众能够更加深入地研究和探索展览主题，进一步增强了教育的深度和广度。这种互动式的学习方式，能够让观众更加积极地参与到展览中，通过实践、观察、思考等方式，更好地理解展览的主题和内容。同时，参与式项目还能够提供更多与展览主题相关的信息和知识，使观众能够更全面地了解和掌握与展览主题相关的知识和技能。因此，参与式项目是一种非常有效的教育方式，能够提高观众的认知水平和学习效果。

在互动展览方面，可参考故宫博物院的"清宫文物鉴珍"展览，观众可以亲自鉴宝，了解文物的历史和文化背景；在工作坊和研讨会方面，可参考上海自然博物馆的"自然探索营"工作坊，邀请专家为公众讲解自然知识，促进科学传播；在艺术创作和表演方面，可参考中国美术馆的"公众艺术创作空间"，观众可以在专业指导下进行绘画、雕塑等艺术创作。参与式项目在博物馆策展中具有重要意义，不仅增强了观众的体验，还促进了社区的参与和文化传播。然而，在实施过程中也面临着一些挑战，如资金、技术、人员和安全等方面的问题。为了更好地推进参与式项目的发展，博物馆应积极寻求多元化的资金来源，加强技术研发和创新，提高工作人员的专业素养和服务能力，并确保安全措施到位。只有这样，才能更好地满足公众的需求，推动博物馆事业的良好发展。

三、挑战

技术问题：一些参与式项目需要使用特定的技术和设备，如互动展览需要多媒体技术支持，对技术要求较高。虽然现代技术的发展也为互动性和参与性提供了更多的可能性，但也带来了一些技术挑战。有一些参与式项目可能存在安全风险，如公众艺术创作空间，可能涉及危险工具和材料的使用，需要采取相应的安全措施。因此，如何确保互动设施的稳定运行，避免在重要时刻出现技术故障，这需要开发团队投入大量的时间和精力进行测试和优化。另外，如何保护观众的个人信息不被泄露，确保观众的隐私安全，也是需要解决的重要问题。这些技术挑战需要人们不断探索和创新，以实现更加稳定、安全的互动体验。

观众参与的满意度：虽然增强观众的参与性，可以提高其满意度，让观众更深入地了解展览内容，但过度强调参与性可能会使展览变得过于娱乐化，从而失去其原有的教育意义。因此，博物馆需要在保证观众参与的同时，确保展览的教育功能不受影响，这需要博物馆仔细权衡并做出最佳的决策。为了实现这一目标，博物馆可以考虑通过多种方式来增强观众的参与性，如邀请观众参与互动展览、组织讨论会或问答环节、提供相关教育活动等。同时，博物馆也需要时刻关注展览内容与观众参与之间的平衡，确保展览的教育功能得以充分体现。博物馆还需要考虑如何根据不同的展览内容和观众群体，合理调整参与程度。对于一些以娱乐为主的展览，可以适当增加观众参与环节；而对于一些以教育为主的展览，则需要注意避免过度娱乐化，保持展览的教育性和严肃性。如何在保证观众参与的同时，确保展览的教育功能不受影响，是博物馆需要认真思考和解决的问题。这需要博物馆在策划展览时充分考虑各方面因素，并做出最佳的决策。

资金压力：参与式项目的实施往往需要更多的资金支持，包括人力、物资和场地等。

人员培训的问题：参与式项目需要工作人员具备相应的技能和知识，这意味着工作人员需要拥有一定的专业背景和实际经验。在参与式项目中，工作人员需要与项目成员进行互动和沟通，因此需要具备良好的沟通技巧和人际交往能力。参与式项目往往涉及多个领域和方面，如社会、经济、环境等，工作人员需要具备跨学科的知识和视野，以便更好地理解和应对项目中的各种问题和挑战。为了确保参与式项目的成功，工作人员需要进行专业的培训和学习。这包括学习相关的理论知识和实践技能，了解参与式项目的特点和要求，掌握相关的工具和方法。通过培训和学习，工作人员可以更好地了解项目成员的需求和期望，更好地应对项目中的各种问题和挑战，提高项目的效果和质量。

四、对策和建议

寻求多元化的资金来源：除了依靠政府拨款，博物馆可以积极与企业、社会团体和个人合作，共同支持参与式项目的开展。通过这种方式，博物馆可以拓宽资金来源，提高项目的质量和影响力，同时也可以增强与社区的联系和互动。此外，博物馆还可以通过与企业和个人合作，开展各种形式的营销和宣传活动，提高知名度和影响力。

技术研发和创新：博物馆可以与科技公司紧密合作，共同研发适用于参与式项目的高效技术和设备，从而极大地提高项目的实施效果。通过这种合作，博物馆可以借助科技公司的专业知识和技术实力，研发出更具创新性和实用性的参与式项目，让观众能够更加深入地参与到博物馆的展览和活动中去。同时，这种合作方式也有助于博物馆更好地适应数字化时代的需求，提升自身的数字化水平，增强自身的创新能力。

加强人员培训：博物馆应该定期组织工作人员参加专业的培训和学习，以不断提高人员的专业素养，增强其服务能力。这种培训可以包括对文物收藏、展览策划、历史文化等方面的深入了解和研究，使工作人员能够更好地为观众提供优质的参观体验，配备专业的讲解服务。通过不断学习和培训，博物馆工作人员的专业素养和服务能力将得到显著提高，为博物馆的发展和观众的满意度做出更大的贡献。

确保安全措施到位：博物馆应该制定一套完善且细致的安全管理制度，确保参与式项目的安全实施。这一制度应涵盖多个方面，例如安全培训、安全设施、应急预案等。同时，博物馆应该对项目实施过程进行定期的安全检查和维护，确保公众在参与项目的过程中能够享受到最高级别的安全保障。在安全检查方面，博物馆应该对展品、设施、设备等进行定期的检查和维护，及时发现并解决潜在的安全隐患。同时，博物馆还应该加强对公众的安全教育，提高公众的安全意识和自我保护能力。只有这样，才能真正确保参与式项目的安全实施，让公众在博物馆中有一个愉快且安全的参观体验。

互动性和参与性已经成为当代博物馆的重要特征，它们为观众提供了更加丰富、个性化的参观体验，使得博物馆不再是单向的知识传播者，而是成为一个集学习、娱乐、交流于一体的文化场所。当然，在这个过程中，博物馆也面临着一些挑战，比如如何平衡互动性和教育性，如何保持观众的参与热情等。但是，只要博物馆能够妥善处理这些问题，就一定能够创造出既具有教育意义又深受观众喜爱的展览。未来，随着科技的进步以及社会的发展，我们可以预见到将会出现更多具有创新性、包容性、互动性和参与性的策展。同时，这些策展也将更加注重观众的个体差异和需求，为不同背景和年龄段的观众提供更加多样化的参观体验。通过这些创新性和包容性的策展，博物馆将真正成为连接过去、现在和未来的桥梁。它们不仅将过去的历史和文化呈现给观众，还将当下的社会现实和未来的发展趋势融入到展览中，使得博物馆成为一个更加开放、包容、活跃的文化交流平台。在这里，观众可以深入了解历史和文化，同时也可以感受到当代社会的发展和变化，从而更好地理解过去、现在和未来的关系。

第四节　策展材料的选择与解释

一、策展材料的选择

策展材料是指在进行展览策划时所使用的一系列材料和资源，包括展品清单、展位图、展厅平面图、展览主题和理念、展品背景资料、展品运输和安保方案等。这些材料是展览策划过程中不可缺少的一部分，可以为策展人提供全面的指导和支持，确保展览的顺利进行和目标的达成。策展材料的重要性，主要体现在以下几个方面。

规划和管理展览资源：策展材料是一份详细的展览计划和资源清单，为策展人提供清晰的指导，以确保展览的顺利进行。这份材料不仅列出了展品、人力、物资和预算等具体细节，还为策展人提供了对展览资源的合理规划和有效管理的工具。通过仔细研究这份材料，策展人可以更好地了解展览的需求，制订更为周密的计划，并确保在展览筹备过程中，资源可以进行有效利用和合理配置。这些详细的展览计划和资源清单，不仅为策展人提供了便利，也有助于确保展览的顺利进行，为参观者带来更好的体验。

提升展览效果：通过仔细策划和准备材料，策展人可以清晰地了解每个展品的特征、价值和展示要求，从而根据展览主题和理念，进行合理的布局和搭配。这些材料不仅包括展品的文字介绍、图片、视频等基本信息，还包括对展品的深入研究和调查。通过这些材料，策展人可以更加全面地了解展品的特点和展示需求，从而为展览的策划和布置提供有力的支持。同时，对于观众而言，这些材料也可以帮助观众更好地理解展览内容和目的。在展览现场，观众可以通过阅读展品旁边的文字介绍、观看视频资料等方式，更加深入地了解每个展品的背后故事、历史背景等相关信息。这些材料不仅可以增强观众对展品的认识和理解，还可以提高观众对展览的参与度和互动性，从而增强展览效果。此外，策划材料还可以为其他相关行业和领域，提供有价值的参考和借鉴。例如，博物馆、美术馆等文化机构，可以通过参考其他机构的展览策划方案和实施经验，提高自身展览的专业性水平。同时，研究人员也可以通过研究这些材料，深入探讨不同文化、不同历史时期的艺术、文化和社会现象等议题。因此，策划材料在展览策划和展示中，扮演着至关重要的角色，在提高展览效果、促进跨领域合作和文化交流等方面，都具有重要的应用意义。

保障展览安全：策展材料中详细地涵盖了展品运输和安保方案，这些方案是保障展览安全至关重要的环节。通过精心策划的运输计划和安保方案，策展人能够确保展品在运输和展示过程中万无一失，有效避免意外事件的发生。这些计划周密而详尽，考虑到了各种可能的风险因素，并针对这些因素采取了有效的预防措施，以确保展览的安全顺利进行。

促进展览交流：策展材料在展览期间扮演着重要的角色，不仅为展览的呈现提供了基础，还为展览期间的交流与合作提供了强有力的支持。通过精心准备各种材料和背景资料，策展人能够与参展方进行更为深入的沟通和合作，共同提升展览的质量和影响力。这些材料可以包括相关的文献资料、数据图表、艺术品图片、市场分析报告等，从而帮助参展方更好地展示自己的展品，同时也能让参观者更全面地了解展览的内容和背景。在展览期间，策展人可以利用这些材料与参展方进行更细致的探讨，提出更具有针对性的建议和意见。此外，这些材料还可以作为参展方与参观者之间沟通的桥梁，让参观者更加深入地了解展品，同时也能帮助参展方更好地展示自己的产品和服务。通过这些策展材料的准备和运用，展览的质量和影响力能够得到显著的提升。

记录和总结展览经验：策展材料是记录和总结展览经验的重要工具，这些材料不仅包含了展览的各个方面和细节，还能够真实地反映出展览的实际情况。通过整理和分析这些材料，策展人可以总结出本次展览的经验和不足之处，从而为今后的展览策划提供有益的参考和借鉴。这些材料还可以作为历史记录，为后人了解和研究展览提供宝贵的资料。在展览结束后，策展人会认真整理和分析这些材料，包括展览的宣传、观众反馈、展品摆放、安全措施等。他们会将这些信息进行分类、整理和归纳，形成一个完整的展览总结报告。这个报告不仅包括了本次展览的经验和不足之处，还会提出一些改进措施和建议，为今后的展览策划提供参考和借鉴。通过整理和分析策展材料，策展人还可以发现展览中存在的问题和不足之处。例如，通过观众反馈发现展览的布局不合理、指示牌不明显等问题。这些问题不仅会影响观众的参观体验，还会影响展览的效果和质量。因此，策展人需要及时提出这些问题，并发现相应的改进措施和建议，为今后的展览策划提供有益的参考和借鉴。

策展材料在展览策划中具有非常重要的作用。它们不仅可以为策展人提供指导和支持，还可以提升展览效果、保障安全、促进交流以及记录总结经验等。因此，在进行展览策划时，务必重视策展材料的收集、整理和分析，以确保展览目标的顺利实现。除此之外，为了确保策展材料的准确性和完整性，策展人需要从以下几个方面进行准备。

充分了解参展方需求：在与参展方进行沟通和合作时，策展人需要充分了解其需求和意图，以便为展览策划提供准确的基础。这包括对参展方的展品特点、展示要求以及宣传需求等方面的了解。为了更好地满足参展方的需求，策展人需要具备敏锐的洞察力和灵活的应变能力，能够及时地调整展览策划方案，以适应参展方的变化和需求。同时，策展人还需要具备良好的沟通和协调能力，能够与参展方进行有效的沟通和协商，确保展览策划方案的顺利实施。

收集和整理相关资料：在充分理解参展方的需求之后，策展人需要展开广泛且深入的工作，收集与展览相关的各种资料。这些资料既包括市场调研报告、专业论文等具有严谨性和科学性的资料，也包括行业动态等实时更新的信息。这些资料对于策展人来说是至关重要的，可以帮助策展人对展览进行全面而深入的策划，确保展览能够充分展示参展方的产品和技术，提升品牌影响力。策展人需要具备敏锐的洞察力和扎实的知识储备，以便准确地解读和分析这些资料。首先，需要将收集到的资料进行分类整理，并提炼出其中的关键信息，以便在展览策划中做出明智的决策。同时，策展人还需要关注行业动态，以便及时调整展览策略，确保展览的时效性和吸引力。在策划展览的过程中，策展人还需要注重展览的呈现方式，包括展台设计、展品陈列、演示方式等。其次，需要结合参展方的需求和目标观众的需求，制订具有创意性和可行性的展览方案。另外，还需要与相关人员进行有效的沟通和协调，确保展览的顺利进行。策展人在展览策划中扮演着至关重要的角色，需要具备较强的知识储备，以及洞察力和组织协调等综合能力，以便为参展方和观众呈现一场精彩纷呈的展览。

制订详细的策展方案：根据收集到的丰富资料，结合参展方的详细需求，策展人需要精心制订一份全面而细致的策展方案。这个方案应包括展览的主题。这个主题需要具有吸引力和独特性，能够引领展览走向成功。同时，展览的理念也是至关重要的，因为需要与主题紧密相连，为整个展览定下基调。在布局方面，策展人需要给出详细的规划，确保每个展区都有明确的划分，让参观者能够轻松找到自己感兴趣的展品。此外，运输方案也是需要考虑的重要环节，确保所有展品能够安全、准时地到达展览现场。只有当每个环节都得到了充分考虑和精心规划，策展人才能确保展览的顺利进行，为参观者和参展方带来难忘的体验。

与参展方确认并修改方案：在制订好策展方案后，策展人需要与参展方进行沟通和确认，确保方案符合他们的需求和期望。为了确保策展方案的准确性和可行性，策展人需要仔细分析参展方的意见，并据此进行适当的修改和完善。在沟通过程中，策展人需要保持耐心和礼貌，充分听取参展方的意见和建议，并逐一解答相关问题和疑虑。同时，为了确保沟通的有效性，策展人需要使用简洁明了的语言，避免使用过于专业或复杂的术语，以便参展方能够充分理解并接受修改后的策展方案；如有需要，可根据参展方的意见进行适当的修改和完善。在修改和完善策展方案时，策展人需要考虑参展方的需求和期望，确保修改后的方案能够更好地满足其要求。同时，为了确保修改后的策展方案的可行性和可操作性，策展人需要对方案进行仔细的评估和分析，确保方案不会给展览的实施带来任何困难或问题。由此可见，与参展方进行有效的沟通和确认，是策展工作中不可或缺的一环。充分的沟通和交流可以确保策展方案符合参展方的需求和期望，并最终使展览成功举办。

制作并分发策展材料：在确认无误后，策展人需要细致认真地制作并分发相关的策展材料。这些材料不仅包括展品清单、展位图、展览主题手册等，还需要准备一些其他的辅助材料，例如展品标签、展位分配表、紧急疏散图等。在制作这些材料的过程中，策展人需要确保所有的信息都准确无误，并且清晰易懂。为了确保所有相关人员都得到充分的指导和支持，策展人还需要准备一些培训材料或者说明文档。这些材料应该详细地解释展览的主题、目标、展品的背景信息以及展览的各项规定。此外，策展人还需要为参展商提供必要的支持和指导，如协助他们在展览现场进行布置、宣传和撤展等。在分发策展材料时，策展人需要确保所有的材料都及时、准确地送达到每个参展商手中。这可以通过邮件、快递或者现场发放等方式实现。同时，策展人还需要确保所有的参展商都充分了解并同意展览的规定和要求，并且已经充分理解了展览的主题和目标。策展人在制作和分发策展材料的过程中，需要细心、耐心地完成任务，确保所有的参展商都得到充分的指导和支持，并且能够顺利地完成展览的活动任务。

展览，作为一种信息传播方式，通常被视为连接观众和展品的重要桥梁；而策展则是展览的灵魂，决定了展览的定位、主题、内容和形式。在策展过程中，对于材料的选择显得尤为重要，因为它直接关系到展览的质量和效果。在选择策展材料时，应当遵循以下几点原则。一是针对性原则：展览的主题和目标受众是选择材料的关键因素。每个展览都有其特定的主题和受众，因此在选择材料时，需要考虑展品是否符合主题，以及受众能否理解和接受。这意味着在策划一个展览时，需要对主题和目标受众进行深入的分析和考虑。首先，展览的主题通常决定了整个展览的基调和氛围，选择与主题相符合的材料是至关重要的。其次，目标受众是展览能否取得成功的关键因素之一，在选择材料时，需要考虑受众能否理解和接受展品，以及他们的兴趣和需求，而每个展览都有其特定的主题和受众，因此在选择材料时，需要考虑展品是否符合主题，以及受众能否理解和接受。例如，如果展览的主题是关于科技发展的历程，那么可以选择一些关于科技发展的历史资料、图片、模型等展品，合理展示科技发展的历程。但是如果目标受众是儿童或者青少年，那么就需要选择一些简单易懂、生动有趣的展品，充分吸引他们的注意力。在选择材料时，还需要考虑材料的多样性和代表性。多样性意味着展品可以来自不同的领域和时期，这样可以展示更广泛的主题和思想。代表性则意味着展品可以代表整个时期或领域的特征和风格，这样可以让观众更好地了解和认识这个时期或领域的特点。只有这样，才能策划出一个成功的展览。

二是准确性原则：策展材料必须准确反映展品的属性和价值。任何失真的材料都会误导观众，从而影响展览效果。因此，策展材料是展览中非常重要的一个环节，在策展过程中，必须对展品进行深入的研究和分析，以确保所使用的材料是准确无误的。同时，策展人还应该对展品的价值进行评估，并针对不同的观众群体制订不同的展览方案。只有这样，才能让观众真正感受到展品的魅力，从而收到良好的展览效果。为了确保策展材料的准确性，策展人需要与博物馆、拍卖行等机构进行合作，共同研究展品的背景和特点；同时，还需要对展品的照片、历史记录、文献资料等进行详细的审查和分析，以确保所使用的材料是真实可靠的。此外，策展人还需要对展览进行宣传和推广，吸引更多的观众前来参观。策展人必须认真对待每一个环节，确保所使用的材料是真实可靠的，以收到良好的展览效果。三是独特性原则：在满足准确性和针对性的前提下，选择具有独特性的策展材料，可以增加展览的吸引力。这些材料不仅需要与展览的主题和目的紧密相关，而且还需要在视觉和情感上，能够与观众产生共鸣。通过精心挑选这些材料，策展人可以为观众创造令人难忘的展览体验，让观众对展览的主题和目的，产生更加深入的了解和认知。四是艺术性原则：展览不仅是一种信息传播活动，也是一种艺术表现形式。因此，材料的选择应考虑其艺术性，以增强展览的观赏性。在展览中，各种展品和元素通过精心设计，将会以最有效的方式传递信息和表达艺术家的观点。因此，为了提升展览的观赏性和吸引力，材料的选择显得尤为重要。这些材料不仅需要具备信息传播的准确性和有效性，更需要拥有艺术表现力，以增强展览的艺术效果。在展览中，材料的选择往往决定了观众对展品的感知和体验。一些具有独特质感和美感的材料，如丝绸、金属、玻璃等，能够通过视觉和触觉的双重刺激，让观众更深刻地感受到展品的魅力和内涵。同时，这些材料也可以通过不同的组合和排列方式，创造出更加丰富、生动的艺术效果。此外，材料的选择也需要考虑其可持续性和环保性。在展览中，使用环保和可持续的材料，不仅可以减少对环境的负面影响，也能够表达出对环保事业的关注和支持。这种关注和支持，不仅有助于提升展览的社会价值，也能够促进更加绿色、可持续的展览业发展。材料的选择对于展览的成功至关重要，因此在选择材料时必须充分考虑其艺术性、可持续性和环保性等多个方面，以创造出生动、丰富、有深度的展览。

分析策展材料的选择范围可知，主要包括文字材料、图片材料、音频材料、视频材料、互动材料。其中，文字材料主要包括研究论文、评论文章、新闻报道等，用于提供背景信息和评价。图片材料主要包括实物照片、宣传海报、艺术作品等，用于展示展品的外观和特点。音频材料主要包括讲解录音、背景音乐等，用于增强观众的观展体验。视频材料主要包括宣传视频、访谈记录等，用于展示展品的动态效果和背后的故事。互动材料主要包括互动展示、体验装置等，用于吸引观众的参与和互动。

例如某个当代艺术展览中，以"材料与表达的碰撞"为专题，设计策展理念为：探索当代艺术中材料与表达的多样性与创新性。该策展活动旨在通过展示一系列具有创新性和启发性的艺术作品，引导观众重新审视艺术创作中的材料选择，并深刻感知其所表达的概念之间的关系。首先，在确定材料的选择范围时，从艺术家选择的角度，邀请来自不同背景、风格各异的艺术家参与此次展览，包括从事传统绘画、雕塑的艺术家，也包括运用新颖技术，进行创作的数字艺术家和装置艺术家。其次，在作品选择中，该次展览的作品，涵盖了多种媒介，如绘画、雕塑、摄影、装置和数字艺术等。这些作品在材料选择上具有广泛性，包括常见的画布、纸张、木材、金属等，以及不常见的纳米材料、生物材料等。最后，在主题选择方面，展览以"材料与表达"为主题，鼓励艺术家在作品中探索材料与意义之间的关系。观众通过观赏艺术家的作品，了解艺术家如何选择不同的材料，表达其观念和情感。以参展艺术家李明的作品为例。他的装置作品《折射之镜》利用了新兴的纳米技术，将金属氧化物纳米粒子，涂覆在透明的玻璃表面上，使得光线在经过玻璃时发生折射，呈现一种奇妙的视觉效果。李明通过这种材料的选择和运用，探讨了科技与自然之间的关系，同时也引导观众对虚拟与现实之间的界限进行思考。李明的作品也充分体现了本次展览的主题。他的装置艺术不仅在视觉上带来了强烈的冲击，同时也引导观众对科技与生活的互动进行深入思考。这种对材料与表达的探索，使得他的作品在本次展览中具有很强的代表性。因此，通过本次展览，观众可以深入体验到当代艺术中材料与表达的多样性。不同的艺术家以各自的方式探索了艺术创作的无限可能。李明的作品就是一个很好的例子，通过独特的材料选择和创作手法，成功地传达了他的艺术观念和情感表达。这种创新的艺术实践不仅丰富了艺术创作的语言，也激发了观众对艺术的新认识和理解。

在进行策展材料的选择时，根据展览主题确定核心材料：首先需要明确展览的主题和目标受众，然后以此为依据选择相应的核心材料。这些材料应该能够充分反映展览的主题和目标受众。除了核心材料外，还需要根据实际需求选择辅助材料：通过选择一些辅助材料，充分丰富展览的内容和形式，而且这些材料应该能够补充核心材料的不足，同时增强展览的观赏性和趣味性。根据实际情况调整材料比例：在策展过程中，需要根据实际情况对材料比例进行调整。如果某些材料不符合实际需求，需要及时替换或删除；而某些材料可能比预期更有价值，可以增加其比例。根据整体效果考虑材料搭配：不同材料之间的搭配，也会影响展览的整体效果。因此，在选择材料时，需要考虑不同材料之间的搭配关系，以收到最佳的展示效果。根据实际情况选择最佳展示方式：不同材料需要不同的展示方式，才能收到最佳的应用效果。因此需要根据实际情况，选择最佳的展示方式，例如悬挂、摆放、投影等。策展材料的选择，是策展过程中非常重要的一环。只有根据实际情况选择最合适的材料，并合理搭配和运用这些材料，才能真正收到最佳的展览效果。

二、策展材料的解释

在当代艺术展览中，策展工作的重要性日益凸显，策展人扮演着至关重要的角色。策展人员不仅需要具备深厚的艺术素养，还要有敏锐的洞察力和广阔的视野，以及扎实的知识储备。其中，策展材料的选择与解释是策展工作的关键环节之一，它直接影响到展览的质量和观众的接受程度。为了选择合适的策展材料，策展人需要具备深厚的艺术素养，还要具有较强的洞察力，需要了解不同艺术家的风格和特点，掌握艺术发展的最新动态，并能够从中筛选出最能代表艺术家风格和创造力的作品。同时，还需要对观众的需求和喜好有深入的了解，以便选择适合观众口味的作品。在解释策展材料时，策展人需要具备广阔的视野，具有扎实的知识储备，需要对艺术作品有深入、细致的理解，能够从不同的角度对作品进行解读和分析。另外，策展人员还需要具备优秀的沟通和表达能力，能够用清晰、生动、形象的语言向观众介绍艺术作品，引导观众更好地理解和欣赏作品。策展工作是一项极具挑战性的工作，需要策展人具备全面的素质和能力。随着艺术市场的不断发展和壮大，未来会有更多的优秀策展人涌现出来，为观众带来更加精彩的艺术盛宴。

策展材料的解释，需要注重材料的针对性、材料的多样性以及材料的可靠性。不同的展览主题，需要不同的材料来支持，如当代艺术展可能需要具有创新性和实验性的作品，而历史题材的展览，则需要反映历史背景和时代特征的材料。因此，在选择策展材料时，首先要明确展览的主题和目的，然后有针对性地选择相应的材料。多样性不仅包括不同艺术形式和风格的作品，还包括不同材质、不同年代和不同地域的材料。这种多样性可以增加展览的吸引力和深度，使观众能够更全面地了解艺术的历史和文化背景。策展人还需要对所选择的材料，进行深入的研究和鉴定，确保其真实性和准确性。同时，对于一些存在争议的作品或艺术家，也要进行充分的调查和核实，避免出现不必要的争议和误解。与此同时，在策展材料的解释中，要注意以下三个方面。

第一，材料的背景介绍。对于每一件参展作品，策展人都需要对其进行详尽且深入的背景介绍。这些介绍涵盖了艺术家的生平经历，创作背景，以及艺术家自身独特的风格特点。通过这些全面的背景介绍，观众能够更全面、更深入地理解这些艺术作品，从而增强对作品的认知度和兴趣。不仅如此，这些背景介绍还能帮助观众更好地欣赏和理解艺术家的创作意图，分析其所表达的情感思想，进一步提升自身对作品的欣赏能力。

策展活动是一个跨学科的项目，需要融合多个领域的知识和技能，包括艺术、历史、文化、技术等。在以下案例中，将介绍一个名为"未来人类"的策展活动，该活动旨在探讨人工智能和人类未来的关系。随着人工智能技术的飞速发展，人类与机器之间的界限逐渐模糊。越来越多的人开始思考，在未来人工智能将会如何影响人类的生活？人类将如何与机器共存？为了探讨这些问题，一家艺术馆决定举办一场名为"未来人类"的策展活动，邀请了来自不同领域的专家和学者共同探讨这个话题。该策展活动的目标，是让观众了解人工智能技术的现状和发展趋势，同时探讨人工智能对人类未来的影响。此外，该活动还希望通过展览、讲座、工作坊等形式，让观众了解如何与机器共存，并激发观众对未来人类发展的思考。在实施过程中，策展团队首先进行了大量的调研工作，了解了当前人工智能技术的最新进展和未来发展趋势，还邀请了多位专家和学者撰写文章、演讲和工作坊，以便向观众传递最前沿的知识和信息。为了更好地呈现展览内容，策展团队还使用了多种材料背景介绍。这些材料包括历史文献、技术报告、新闻报道、科学杂志等。通过这些材料，策展团队向观众介绍了人工智能技术的发展历程、应用场景以及未来发展方向。此外，还通过视频、图片和模型等手段，向观众展示了人工智能技术在医疗、交通、金融等领域的应用场景。在展览期间，策展团队还举办了多场讲座和工作坊，邀请了多位专家和学者分享各自的研究成果和实践经验。这些活动不仅让观众更好地了解了人工智能技术的最新进展，还激发了他们对未来人类发展的思考。经过精心的策划和组织，这场名为"未来人类"的策展活动取得了巨大的成功。参观人数超过了预期，反馈也十分积极。许多观众表示，这次展览让他们对人工智能技术有了更深入的了解，并对未来人类的发展有了更清晰的认识。通过这次策展活动，观众不仅能够欣赏到精美的艺术品和科技展品，还能够深入了解人工智能技术的历史、现状和未来发展趋势。同时，通过与专家和学者的交流和互动，观众还能够获得更多有关未来人类发展的启示和建议。通过材料背景介绍的使用，这场名为"未来人类"的策展活动，成功地实现了其目标：让观众了解人工智能技术的现状和发展趋势，探讨人工智能对人类未来的影响；同时通过展览、讲座、工作坊等形式，让观众了解如何与机器共存，并激发观众对未来人类发展的思考。

第二，材料的解读和分析。策展人需要对每一件参展作品进行深入的解读和分析，这不仅可以帮助观众更好地理解作品，还可以增加观众对艺术的兴趣和热爱。在解读和分析作品时，策展人需要从作品的主题、形式、风格、材质等方面入手，通过专业的眼光和独到的见解，为观众揭示出作品更深层次的价值和意义。为了确保展览的成功和观众的满意度，策展人需要对参展作品进行全面的评估和分析，需要了解每一件作品的背景、特点、创作过程以及艺术价值，以便为观众提供准确、客观的解读。同时，策展人还需要根据作品的特点和观众的需求，制订相应的展览策略和推广活动，以吸引更多的观众前来参观和参与。在展览期间，策展人还需要与观众进行互动和交流，了解观众的需求和反馈，以便不断改进展览策略和推广活动；通过时刻关注展览的进展情况，及时调整展览布局和作品展示方式，以确保展览的顺利进行，提高观众的满意度。策展人需要对每一件参展作品进行解读分析，制订相应的展览策略和推广活动，并与观众进行互动和交流，以确保展览的顺利展开。

以当代艺术展览的解读与分析为例。本次展览是一次当代艺术展览，旨在展示当代艺术的发展和趋势，以及探索新的艺术形式和观念。展览地点位于市中心的艺术博物馆。这是一个有着悠久历史的博物馆，其建筑和设施都保存完好，每年都会举办各种类型的艺术展览。本次展览得到了博物馆和当地政府的支持，以及来自世界各地的艺术家和评论家的关注和参与。本次展览的内容，主要包括两个部分：一是实物展区，二是数字艺术展区。实物展区主要展示的是各种类型的当代艺术作品，包括绘画、雕塑、装置艺术等。数字艺术展区则主要展示的是利用数字技术创作的艺术作品，如利用虚拟现实、增强现实等科技手段制作的艺术作品。在实物展区中，最为引人注目的是一件大型装置艺术作品，是由一位知名艺术家创作的。该作品运用了大量的自然元素和人工元素，通过巧妙的组合和排列，展现出一种独特的视觉效果。此外，还有一件绘画作品也备受瞩目。该画作以抽象的形式表现了一种强烈的情感和观念，引发了观众的广泛讨论和思考。在数字艺术展区中，最受欢迎的是一件虚拟现实作品，观众可以亲自体验到一个全新的虚拟世界。此外，还有一件增强现实作品，通过手机或平板电脑的摄像头，将虚拟元素与现实场景相结合，产生出一种奇妙的效果。本次展览中的作品，主要反映了当代艺术的发展趋势，展现出新的艺术形式和观念。装置艺术作品运用大量的自然元素和人工元素，表达了一种融合自然与人工的观念，也展现出了艺术家对环境和人类文明的思考。绘画作品以抽象的形式表现情感和观念，引导观众去思考人类情感和社会问题。数字艺术作品则展现了技术的力量和艺术的创新结合，引领观众走进全新的虚拟世界。从材料的角度来看，本次展览中的作品，运用了各种材料和技术，如自然元素、人工元素、绘画材料、数字技术等。这些材料和技术不仅展现了当代艺术的创新和发展，也反映了当代社会的技术进步和人类文明的发展。同时，这些材料和技术也给观众带来了全新的视觉体验和感知方式，进一步加深了观众对当代艺术的理解和认识。

本案例中展览的策展作用主要体现在以下几个方面：首先，通过展示当代艺术的发展和趋势，以及探索新的艺术形式和观念，引导观众对当代艺术有更深入的了解和认识；其次，通过展示各种类型的当代艺术作品以及数字艺术作品，拓宽了观众的艺术视野和审美观念；最后，通过展览的推广和宣传，提高了博物馆的知名度和影响力。策展效果主要体现在以下几个方面：首先，展览吸引了大量的观众前来参观；其次，展览得到了观众和评论家的一致好评；最后，展览提高了博物馆的知名度和影响力。

第三，材料的评价和比较。在解读和分析艺术作品时，策展人需要对作品进行客观的评价和比较。这意味着需要运用自己的专业知识和审美观念，对作品进行深入的分析和研究。同时，策展人还需要将参展作品与其他作品或艺术家进行比较，以便更好地凸显出参展作品的独特性和价值。这种比较不仅可以帮助观众更好地了解和认识参展作品，还可以为艺术家提供有价值的反馈和建议。此外，对于一些存在争议或批评的作品，策展人也需要进行客观的评价和解释。这需要充分了解作品的历史背景、艺术家的创作意图以及观众的反馈和评价。通过客观的评价和解释，策展人可以帮助观众更好地了解和认识这些作品，从而消除误解和偏见。同时，这也为艺术家提供了一个展示自己才华和创意的机会，让更多人了解和欣赏作品。策展人在解读和分析艺术作品时需要具备客观、专业和审美的能力，还需要与其他作品或艺术家进行比较，并对存在争议或批评的作品，进行客观的评价和解释。这些工作不仅可以帮助观众更好地了解和认识艺术作品，还可以为艺术家提供有价值的反馈和建议，促进艺术事业的繁荣和发展。

以中国国家博物馆的"丝绸之路"展览为例。中国国家博物馆的"丝绸之路"展览，旨在展示古代丝绸之路的历史与文化。在策展过程中，材料的评价和比较至关重要。首先，策展团队需要对各种材料进行深入的研究和评价。丝绸之路展览的目标是展示古代丝绸之路的历史和文化，因此团队需要收集和评估与丝绸之路相关的各种材料。这些材料包括文物、文献、图片、地图等，涵盖了古代丝绸之路的各个方面，如贸易、文化交流、宗教传播等。在评估过程中，团队需要考虑材料的可靠性、完整性、历史价值和文化价值等因素。例如，对于文物，团队需要考虑其年代、出处、工艺水平等信息，以确定其历史价值和文化价值；对于文献资料，团队需要评估其真实性、完整性、内容等信息，以确定其对于展览的价值。其次，策展团队需要对各种材料进行比较。在丝绸之路展览中，团队需要比较不同材料之间的差异和相似之处，以便选择最能反映丝绸之路历史和文化的材料。例如，在比较不同时期的丝绸制品时，团队需要考虑其设计、工艺、纹饰等信息，以选择最具代表性的丝绸制品。最后，策展团队需要根据材料的评价和比较结果，确定展览的呈现方式。在丝绸之路展览中，团队采用了多种展示方式，如文物展示、图片展示、多媒体展示等，以充分展示丝绸之路的历史和文化。例如，在文物展示中，团队选择了最具代表性的丝绸制品、陶瓷、铜器等文物，以展示古代丝绸之路的贸易和文化交流情况。在博物馆策展活动中，材料的评价和比较是非常重要的环节，不仅决定了展览的质量和水平，也影响了观众对展览的认知和理解。

选择与解释策展材料是策展工作中至关重要的环节，需要认真对待。在选择策展材料时，要注重针对性、多样性和可靠性。针对性是指选择与展览主题相关的材料，确保展览内容紧扣主题；多样性是指选择不同领域、不同风格、不同材质的作品，以增加展览的丰富性和观赏性；可靠性则是指选择的材料来源要可靠，确保作品的真实性和价值。在解释策展材料时，要注重背景介绍、解读和分析以及评价和比较。背景介绍可以让观众了解作品的时代背景、作者背景和创作背景等；解读和分析则可以帮助观众理解作品的主题、风格、技巧和内涵等；评价和比较则可以让观众了解作品在艺术领域中的地位和价值，以及与其他作品的区别和联系。通过以上环节的精心策划和准备，策展人可以更好地呈现展览的主题和目的，增加观众对艺术的兴趣和认知度，最终达到推动艺术事业发展的目的。此外，策展人还需要注重与合作伙伴的沟通和协调，确保策展工作的顺利进行。

第三章 文物保护原则

第一节 文物保护的伦理和法律框架

一、文物保护的伦理意义

文物保护，顾名思义，旨在维护和保护文化遗产，使其免受时间的侵蚀。随着全球化的快速发展，文化多样性显得尤为重要。每一种文化都拥有其独特的遗产，而这些遗产则是其历史、传统和智慧的见证。然而，由于各种原因，如自然灾害、人为破坏或疏忽，文化遗产面临着严重的威胁。因此，文物保护的伦理旨在强调对文化遗产的保护和尊重。近年来，国内外学者对文物保护的伦理进行了广泛的研究。其中，有两位国外专家在 2018 年指出，文物保护不仅是对物质的保护，更是对文化和历史的传承，强调了教育在文物保护中的重要性，认为只有当公众了解文物的价值，才能真正地保护文物。另外，2020 年有两位国外学者关注了法律在文物保护中的作用，提出法律应当规定对文物犯罪的严厉处罚，以遏止对文物的破坏行为。

开展文物保护工作，具有以下几点重要的伦理意义。

一是尊重历史。文物，这些古老的遗迹和艺术品，不仅仅是历史的见证，更是全人类文明的瑰宝。它们承载着历史事件、文化传承和社会发展的珍贵信息，为人们提供了一种独特的视角去窥探过去的人类文明，感受他们的智慧和创造力。保护文物就是尊重历史，就是尊重人类自身的发展历程。通过保护文物，人们能够完整地保留这些独特的历史信息，避免文物随着时间的推移而被遗忘或丢失。这些文物可以帮助人们更好地理解过去，从而更好地规划未来。无论是宏伟的古代建筑，还是精美的陶瓷器皿，抑或是珍贵的古代手稿，每一件文物都蕴含着丰富的历史信息，反映了当时的社会风貌、人民生活、艺术风格等。保护文物不仅是对历史的尊重，也是对未来的投资。随着科技的发展，人们可以运用各种技术手段来保护和修复文物，使这些珍贵的文化遗产得以传承下去。同时，文物的保护和利用也可以带动旅游业的发展，为当地经济带来新的活力。保护文物不仅是责任所在，更是对人类文明的尊重和传承。人们应该加强对文物的保护力度，让这些历史的见证者能够在人们手中得到充分的保护和传承，继续见证人类文明的发展历程。

因此，文物与历史有着紧密的关系。文物是历史的见证，是人类文化传承的重要载体。文物是人类在历史长河中留下的痕迹，代表着不同的时代、文化、社会背景和人们的生活方式。通过对文物的深入研究，人们可以了解不同历史时期的社会制度、经济发展、文化传承、宗教信仰等方面的信息，从而更好地认识和了解人类历史的发展进程。例如，埃及金字塔是世界上最为著名的文物之一，是古埃及文明的象征。金字塔的建筑风格和结构形式，反映了古埃及人的信仰和文化传统，同时也展现了古埃及人在建筑和工程技术方面的成就。通过对金字塔的研究，人们可以了解到古埃及人的生活方式、宗教信仰、社会制度等方面的信息，从而深入了解古埃及文明的历史和文化。又如，中国的青铜器是中国古代文明的重要代表之一，它们具有极高的艺术价值和历史价值。青铜器的制作需要大量的铜、锡等金属材料，以及高超的冶炼和铸造技术。通过对青铜器的深入研究，人们可以了解到中国古代社会的政治制度、经济发展、文化传承等方面的信息，从而更好地认识和了解中国古代文明的历史和文化。再如，玛雅文明的石碑也是一个历史见证。玛雅文明是中美洲的一个古老文明，其历史可以追溯到公元前2000年左右。玛雅人使用象形文字和石碑等记录他们的历史和文化。通过对玛雅文明的石碑进行研究，人们可以了解到玛雅人的社会制度、宗教信仰、文化传统等方面的信息，从而深入了解玛雅文明的历史和文化。意大利的文艺复兴是欧洲艺术史上的一个重要时期，其艺术品具有极高的艺术价值和历史价值。通过对文艺复兴时期的艺术品的研究，人们可以了解到当时的社会制度、经济发展、文化传承等方面的信息，从而深入了解意大利文艺复兴的历史和文化。这些文物与历史的关系，都是不可分割的，通过对文物的深入研究，可以更好地认识和了解人类历史的发展进程，了解到不同时期的社会文化背景。同时，文物也是人类文化传承的重要载体，代表着不同的时代和文化传统，对人们了解和认识人类历史具有重要的意义。

二是弘扬文化。文物是承载着丰富历史信息和文化精髓的珍贵遗产，无疑是人类民族文化的重要载体。文物不仅仅是历经岁月洗礼的静物，更是蕴藏着深厚文化底蕴和历史记忆的载体，具有不可替代的价值。保护文物就是保护人类民族文化的根和魂，就是弘扬中华民族的优秀文化和民族精神。每一件文物都代表着一种独特的文化传统，凝聚着一种独特的艺术风格，反映了一种独特的社会价值观念，是历史的见证，是文化的瑰宝，是民族的骄傲。通过保护文物，人们能够传承和弘扬优秀文化和民族精神，让宝贵的文化遗产得以永世流传，让后人能够从中汲取营养，承前启后，继往开来。保护文物不仅能够让人们更好地了解和认识历史，更能够增强民族凝聚力，巩固民族团结。当人们站在一件件珍贵文物面前，那种对历史的敬畏、对文化的自豪、对民族的认同感会油然而生。这种认同感就像一根无形的纽带，将世界上的每一个人紧紧地连接在一起，让人们更加珍视彼此的差异，更加尊重彼此的独特性，更加珍惜人们的共同之处。因此，保护文物不仅是人们的责任和使命，更是人们对历史、对文化、对民族的尊重和传承。通过保护文物，还可以弘扬民族文化，增强民族凝聚力，巩固民族团结。

中国的历史文物也是中华文化的瑰宝，不仅承载着深厚的历史底蕴，也深刻记录着古代先人的智慧和才情。这些文物不仅仅是艺术品，更是历史的见证，为人们提供了与古人直接对话的机会。通过这些文物，人们可以深入了解古人的思想、文化、技艺和追求。历史文物是传承和弘扬文化的载体。

它们不仅仅是物质的遗产，更是精神的传承。每一件历史文物都代表着一种文化、一种思想、一种技艺，甚至一种生活态度。这些文物在传承的过程中，也传承了那种对美好事物的追求，对生活的热爱，对技艺的精益求精的精神。弘扬文化不仅是对历史的尊重，也是对未来的期许。在当今社会，随着科技的快速发展和全球化的推进，各种文化交融、冲突成为常态。在这个大背景下，弘扬和发展本国、本民族的文化就尤为重要。历史文物作为文化的载体，可以让人们更好地了解和认同自己的文化，从而增强文化自信。通过保护和研究历史文物，人们可以推动文化产业的发展和文化传播的普及。文化产业是当今社会的一个重要产业，它不仅具有经济价值，更具有文化价值。历史文物可以为文化产业提供丰富的素材和灵感，推动文化创意产业的发展。同时，保护和研究历史文物也可以让更多的人了解和认识自己的文化，从而促进文化的传播和普及。在弘扬文化的过程中，人们还需要注重对历史文物的保护。保护历史文物不仅是保护一件艺术品或一个建筑，更是保护一段历史、一种文化。只有做好保护工作，才能确保这些文物能够长久地流传下去，为后人留下宝贵的文化遗产。同时，通过保护历史文物，也可以推动旅游业的发展，为地方经济带来贡献。为了更好地弘扬传统文化，还需要加强教育。教育是传承和弘扬文化的重要途径，通过在学校开设相关课程、举办文化活动等方式，可以让更多的人了解和认识自己的文化，从而增强文化自信。同时，通过教育也可以培养更多的人才，为文化产业的发展提供支持。在保护和研究历史文物的过程中，还需要注重国际合作。虽然每个国家的文化不同，但都生活在同一个地球上，彼此的文化交流和融合是不可避免的。通过国际合作，可以更好地了解和学习其他国家的文化，从而丰富自己的文化内涵。同时，通过国际合作也可以促进文物的交流和保护，为全球文化遗产的保护做出贡献。

三是维护国家主权。许多文物是国家对其所在的地域、水域、海域拥有主权的铁证。这些宝贵的文化遗产，不仅代表着民族的历史和文化，还是国家主权和领土完整的象征。保护文物不仅是对这些珍贵文化遗产的维护，更是对国家尊严和利益的捍卫。通过保护文物，各国可以有效防止非法盗窃和非法交易文物的行为，遏止文物流失，维护国家的文化安全。同时，文物的保护工作也能够促进人们对历史文化的了解和认识，推动文化传承和创新。因此，保护文物对于维护国家主权和领土完整，以及防止非法盗窃和非法交易文物的行为具有重要意义。

国家主权和历史文物之间存在着密切的关系，它们是相互依存、相互促进的。一方面，国家主权是保护历史文物的根本保障。只有国家主权得到充分尊重和维护，才能确保历史文物的安全和完整。如果一个国家的主权遭到破坏，那么这个国家的政治稳定和社会秩序就会受到威胁，也难以保障历史文物的安全和完整。因此，维护国家主权是保护历史文物的必要前提和基础。其次，历史文物是展示国家主权的重要载体。历史文物是一个国家和民族的文化遗产和精神财富，也是国家主权的象征之一。通过历史文物，人们可以了解一个国家的历史和文化，感受到这个国家的文化底蕴和价值观念。另一方面，历史文物也可以增强人们的爱国主义情感，树立人们的国家自豪感，从而更好地维护国家主权。然而，在现实生活中，一些人为了追求经济利益或者其他目的，不惜破坏历史文物，或者侵犯国家主权的行为时有发生。例如，有些地方为了发展旅游业，盲目开发旅游资源，过度开发和利用历史文物，导致许多历史文物遭到严重损坏或者被游客随意破坏。这种行为不仅违反了文物保护法规，而且也损害了国家的主权和尊严。因此，需要采取措施来维护国家主权和保护历史文物。一方面，需要加强国家主权的宣传和教育，提高人民群众对国家主权的认识和理解，增强人们的国家意识和爱国情怀。另一方面，也需要加强对历史文物的保护和管理，建立健全相关法律法规和制度体系，加大对违法行为的打击力度，确保历史文物的安全性、完整性。维护国家主权与保护历史文物密切相关，两者相辅相成、互相促进。只有维护好国家主权，才能更好地保护历史文物；而只有保护好历史文物，才能更好地展示国家主权。我们应该始终坚持维护国家主权和保护历史文物的原则不动摇，为建设更加美好的中国贡献自己的力量。

四是推动科学研究。文物是历史文化研究和现代科技文化创新、发展的依据，这一点至关重要。保护文物不仅可以促进科学研究，为历史学、考古学、艺术学、社会学等多个学科提供宝贵的研究资料，而且还可以为现代科技文化的发展提供有力的支撑。通过对文物的深入研究，人们可以更深入地了解古代社会的科技水平、艺术成就和社会制度等，从而更好地理解人类文明的发展历程。文物是传承和弘扬中华民族优秀传统文化的珍贵财富，保护文物就是保护人民的文化根基和民族精神。因此，应该高度重视文物的保护工作，通过科学的方法和措施，确保文物的完整性和安全性，让这些宝贵的文化遗产得以传承和发扬光大；同时，应该积极利用文物资源，通过各种方式向公众展示和传播文物的价值和文化内涵，让更多的人了解和认识文物的历史和文化价值。

科学研究与历史文物保护，属于相互促进与共同发展的关系。历史文物是人类文明的瑰宝，是过去时代留下的宝贵遗产。这些文物携带着人类智慧与创造力的信息，对于理解人类历史、文化和科技发展具有极高的价值。与此同时，科学研究的进步与发展，也为历史文物保护提供了新的视角、方法与手段，使得这些文物的价值得以全面、深入挖掘与传承。首先，科学研究对于历史文物的保护具有指导性作用。现代科学技术如化学、物理、生物等，为文物的保存提供了新的可能。例如，通过分析文物的化学成分和物理结构，科学家可以了解文物的制作材料、工艺和年代，从而为文物的修复和保护提供科学依据。此外，针对文物面临的病害和破坏风险，科学家通过研究提出针对性的保护方案，如环境调控、防虫防霉等，以延长文物的保存寿命。其次，历史文物保护为科学研究提供了宝贵的实物资料。在保护文物的过程中，科学家可以对文物进行详细的观察和研究，深入了解其制作工艺、年代和文化背景等信息。这些信息对历史、考古、艺术等各个领域的研究都具有重要的价值。此外，通过对文物的科学分析，还有可能发现新的化学元素、材料或工艺，从而推动相关领域的技术创新和进步。再次，历史文物保护与科学研究在教育方面具有共同的价值。无论是科学研究还是历史文物保护，都承载着传承人类文明和智慧的重任。科学研究和文物保护可以增进人们对人类历史和文化的了解，提高公众的科学素养和文物保护意识。这种教育价值对年青一代的培养和社会发展都具有深远的影响。最后，科学研究与历史文物保护的相互促进关系，还体现在社会经济发展中。一方面，历史文物的保护和展示，可以带动旅游业的发展，吸引大量的游客前来参观，从而促进地方经济的发展。另一方面，科学研究的成果也可以转化为实际应用技术，为现代社会的发展提供技术支持和动力。例如，通过研究文物的制作工艺和材料，可以开发出新的材料和产品，推动相关产业的发展。为了更好地推动科学研究与历史文物保护的关系，人们需要采取以下措施：加强科学研究和历史文物保护之间的交流与合作。政府部门、科研机构和博物馆等应加强沟通协调，共同制定科学研究和文物保护的规划与政策；同时，鼓励科研人员和文物保护工作者开展合作研究项目，共享资源和技术成果。提升公众对科学研究和历史文物保护的认识和意识。举办展览、讲座、科普活动等方式，可以向公众普及科学知识和文物保护知识，提高人们对文物价值和保护重要性的认识；同时，鼓励公众参与文物保护活动，形成全社会共同参与的良好氛围。创新科学研究和历史文物保护的手段和方法。积极引入现代科学技术和方法论，如数字化技术、虚拟现实技术、大数据分析等，应用于文物的保护、研究和展示中；同时，加强国际合作与交流，引进国外先进的文物保护技术和经验。加强交流合作、提升公众意识、创新手段和方法等措施的实施，可以更好地推动科学研究与历史文物保护的共同发展，为人类文明的传承和发展做出更大的贡献。

五是促进经济发展。历史文化遗产是一种宝贵的旅游资源，其重要性不容忽视。这些古老的遗迹和文化遗产，见证了人类历史的发展和进步，具有极高的文化和历史价值。妥善保护和合理利用这些文物，能够促进文化产业和旅游业的发展，为当地经济和社会协调发展注入新的动力。保护历史文化遗产不仅是为了维护文化的多样性，更是为了传承和发扬中华民族的优秀传统文化。加强对文物的保护和管理，能够确保这些珍贵的文化遗产得以永久保存，并让更多人了解和欣赏到中华民族深厚的历史底蕴。合理利用文物，同样也是促进文化产业和旅游业发展的重要手段。将文物融入旅游产品中，开发具有历史文化特色的旅游线路和项目，能够吸引更多的游客前来参观和体验。这不仅能够带动当地经济的发展，还能增加就业机会，为当地居民提供更多的就业岗位。此外，文物旅游也是推动地区经济发展的重要手段之一。文物旅游不仅能够带动相关产业的发展，如餐饮、住宿、交通等，还能促进不同产业之间的融合与协同发展。发展文物旅游能够为当地经济注入新的活力，推动经济的持续稳定发展。历史文化遗产是重要的旅游资源，保护和利用好这些文物，对促进文化产业和旅游业的发展具有重要意义。文物旅游也是推动地区经济发展的重要手段之一，因此人们应该重视并加强对其开发与利用。

随着社会的快速发展，经济腾飞成为全球的共同目标。然而，在这个过程中，人们也不能忽视文化遗产的重要性，尤其是文物保护。经济发展和文物保护之间，存在一种微妙的关系，既相互促进又相互制约。首先，经济发展和文物保护之间存在相互促进的关系。一方面，经济发展可以为文物保护提供资金和技术支持。另一方面，保护好文物可以吸引游客并带动当地经济的发展。同时，文物保护还可以为科研人员提供宝贵的历史资料，促进科学研究的发展。其次，经济发展和文物保护之间也存在一些矛盾和冲突。一方面，一些文物可能被破坏或流失，这主要是因为经济发展的需要。另一方面，经济发展的加速，可能导致文物所在土地或建筑被开发或改造，从而破坏文物的原有环境。

为了协调经济发展和文物保护的关系，可以采取以下措施。（1）制定合理的规划：政府应制定全面的发展规划，将文物保护纳入其中。在审批建设项目时，应充分考虑文物的保护。（2）加强法律法规建设：通过加强法律法规的执行力度，严厉打击文物盗卖、破坏等违法行为。（3）推广文保意识：通过宣传教育，提高公众对文物的认识和保护意识，让人们意识到保护文物不仅是政府的责任，也是每一个公民的责任。（4）发展文化旅游：通过发展文化旅游，将文物转化为经济价值，实现经济发展和文物保护的双赢。（5）引入社会资本：鼓励社会资本进入文物保护领域，为文物保护提供更多的资金支持。（6）加强国际合作：通过国际合作，引入先进的文物保护理念和技术，提高我国文物保护的水平。除此之外，还可以借鉴其他国家的成功经验。例如，意大利是世界著名的文化遗产大国，其文物保护的成功经验值得学习。在意大利，文物保护不仅是政府的职责，也是全社会的共同责任。公众对文物的保护意识非常高，许多私人企业和个人都积极参与文物保护工作。同时，意大利政府还设立了专门的文物保护法律法规，对文物的保护、修复和利用进行了严格的规定和监管。通过上述措施的实施，可以建立一个经济发展与文物保护和谐共生的社会。在这个社会中，经济发展不再以破坏文物为代价，而是通过合理规划、科技创新和文化旅游等方式，与文物保护相互促进。同时，公众的参与意识的提高也将为这个社会注入更多的活力和动力。经济发展和文物保护之间存在着比较复杂的关系，需要在经济发展的同时，保护好人们的文化遗产。制定合理的规划、加强法律法规建设、推广文保意识、发展文化旅游、引入社会资本以及加强国际合作等措施，能够实现经济发展与文物保护的和谐共生，推动我国经济社会的全面可持续发展。

六是增强社会责任感。保护文物是一项至关重要的任务，需要全社会的共同参与和努力。保护文物可以积极推动文化传承和历史延续，促进社会文明的发展和进步。同时，保护文物也能够增强社会责任感和公民意识，培养人们对历史文化遗产的敬畏之心和保护意识。在这个过程中，每个人都可以发挥自己的作用。政府可以制定相关法律法规，加强对文物的保护和管理；专家学者可以深入研究文物的历史、文化和艺术价值，为保护工作提供科学依据；企业和个人也可以积极参与，通过捐赠、志愿服务等方式，为文物保护事业贡献力量。此外，保护文物还需要注重整体性和系统性。因此，人们不能只关注单个文物的保护，而忽略了整个文化遗产的保护。因此，人们需要对不同类型、不同地域的文化遗产，进行全面调查和研究，制订更为科学合理的保护规划和措施。保护文物是每个公民应尽的责任和义务，通过全社会的共同努力，可以让历史文化遗产得以永久传承，培养更多人对文物的敬畏之心和保护意识，为人类文明的繁荣和发展做出更大的贡献。文物保护具有重大的伦理意义和社会价值，应该充分认识到文物保护的重要性，采取有效措施加强文物保护工作，为传承和弘扬中华民族的优秀文化、维护国家主权和促进经济发展做出贡献。

二、文物保护的伦理问题

保护与利用的矛盾：文物保护与利用之间存在矛盾，一些文物可能因为年代久远或保存状况不佳，而难以得到有效的利用，而一些文物则因为其特殊的价值和意义而被过度利用。这种矛盾可能导致文物的损坏和遗失，因此需要在保护和利用之间找到平衡点。文物保护与利用之间，存在一种看似矛盾但实则可以调和的张力。比如说，一些文物因年代久远或保存状况不佳，而难以得到有效利用。这些文物往往因为其脆弱性和珍贵性，需要特别的保护措施，以免遭受任何可能的损害。然而，另外，一些文物因其特殊的价值和意义，经常被过度利用，以满足公众或研究者的需求。这种过度利用可能会导致文物的损坏甚至遗失，这是无法接受的。因此，人们需要在保护和利用之间找到一个平衡点，采取一种深思熟虑的策略，考虑到文物的价值和脆弱性，以及社会的需求和期待。可借助各种先进的技术和方法，提高文物的保护和利用水平。

所有权的争议：文物的所有权是一个错综复杂的问题，常常涉及多方的利益和权益。一些文物被私人拥有，这些所有者通常会竭尽全力保护和传承这些珍贵的文化遗产。然而，也有一些文物属于国家或地方政府所有，这些机构通常会采取更加严格的保护措施，以确保文物的安全和完整性。在文物保护的过程中，不仅要关注文物的所有权问题，还要考虑到公众对文物的利用和参与。毕竟，文物不仅仅属于个人或特定群体，它们也是整个社会的宝贵财富。因此，需要制定一些政策和规定，确保公众能够充分参与到文物的保护和利用中来，同时也要保障文物所有者的合法权益。为了更好地保护文物，需要加强相关法律法规的制定和实施。对于那些恶意破坏或盗取文物的人，必须严惩不贷；而对于那些为保护文物做出积极贡献的人，也应该给予适当的奖励和表彰。此外，还需要加强对文物的修缮和维护工作，确保文物能够长期保存下去。文物的所有权问题，是一个需要认真对待的问题。在保护文物的同时，人们也要兼顾公众的利益和权益，让这些珍贵的文化遗产能够更好地为全社会所共享。

保护与城市发展的冲突：城市发展与文物保护之间的冲突，往往是尖锐而复杂的。在某些情况下，城市建设项目可能会不慎破坏文物，这无疑是对历史和文化的巨大冲击。另外，一些文物保护项目，则可能会对城市的发展产生阻碍作用，使城市建设无法按照计划进行。这种矛盾的现象，使得决策者需要在保护文物和城市发展之间，寻找到一个平衡点。要解决这个冲突，人们需要深入思考并权衡利弊。一方面，对于城市建设项目，不能仅仅因为文物保护而放弃发展，然而，也不能为了短期的利益而忽视长远的价值。因此，决策者需要在确保文物安全的前提下，寻找能够促进城市发展的解决方案。例如，可以通过考古研究，决策者预先评估建设项目对文物的影响，并采取适当的保护措施。另一方面，对于文物保护项目，决策者不能仅仅为了发展而忽视文物的保护，也不能让文物保护成为城市发展的障碍。因此，需要寻找既能保护文物，又不影响城市发展的解决方案。例如，可以通过制订合理的规划，将文物保护纳入城市发展的整体规划中，以确保文物在得到保护的同时，不影响城市的正常发展。解决城市发展与文物保护之间的冲突，需要人们采取一种平衡的态度，需要权衡利弊，综合考虑各方面的因素，做出最合理、最科学的决策。只有这样，才能确保城市能够持续、健康地发展，同时也能保护那些珍贵的文物，传承珍贵的历史和文化。

三、文物保护的伦理建议

强化法律法规建设：加强文物保护的法律法规建设，是保障文物安全的重要手段。制定和完善相关法律法规，明确文物保护的责任和义务，强化对文物违法行为的惩处力度，形成全社会共同参与文物保护的良好氛围。同时，要加强对法律法规的宣传和普及，提高公众的法律意识，让更多的人了解文物保护的重要性。为了有效地保护国家文物，必须采取一系列措施。首先，制定和完善文物保护法律法规是至关重要的。明确的法律法规可以明确文物保护的责任和义务，确保各方能够依法履行自己的职责和义务，为文物保护提供有力的法律保障。其次，强化对文物违法行为的惩处力度也是必不可少的。对于那些破坏和盗取文物的行为，必须依法严惩，让违法者付出应有的代价，从而起到震慑作用。此外，形成全社会共同参与文物保护的良好氛围也是至关重要的。政府、企业、社会组织和个人都应该共同参与到文物保护中来，形成合力，共同保护国家文物。在这个过程中，政府应该发挥主导作用，制定政策、提供资金支持和技术指导，同时鼓励企业和个人积极参与文物保护事业。为了提高公众的法律意识，让更多的人了解文物保护的重要性，加强对法律法规的宣传和普及是必不可少的。政府和社会组织应该通过各种渠道，如电视、广播、报纸、网络等媒体，向公众普及文物保护法律法规和相关知识，提高公众的法律意识，增强其文物保护意识；此外，还可以通过举办各种宣传活动、展览和讲座等方式，让更多的人了解文物保护的重要性和意义。加强文物保护的法律法规建设，是保障文物安全的重要手段。制定和完善相关法律法规，强化对文物违法行为的惩处力度，形成全社会共同参与文物保护的良好氛围，加强对法律法规的宣传和普及等措施，这些可以有效地保护国家文物，让更多的人了解文物保护的重要性。

加强社会教育引导：社会公众对文物的认知和态度是至关重要的，因为会直接影响到文物的保护效果。为了提高公众对文物的认知和保护意识，需要加强社会教育引导，通过各种形式的宣传教育活动，让更多的人了解文物的价值和保护意义。这些活动包括博物馆展览、文化讲座、文物知识普及课程等，可向公众传递正确的文物知识和保护理念。这些活动可以增强公众对文物的尊重和爱护意识，让人们意识到文物不仅是中华民族的瑰宝，也是全人类共同的财富。同时，还需要鼓励公众参与文物保护活动，发挥公众的积极性和创造性，共同推动文物保护事业的发展。公众可以参与文物保护的决策、监督和实施过程，为文物保护事业贡献自己的力量。社会公众对文物的认知和态度，是文物保护事业的关键因素之一。加强社会教育引导和鼓励公众参与，可以提高公众对文物的认知和保护意识，共同推动文物保护事业的发展。

优化保护与利用的平衡点：在保护和利用文物之间找到一个平衡点，是实现文物保护可持续发展的关键途径。为了确保文物的历史、文化、艺术和科学价值都能够得到充分的保护和传承，必须在尊重文物原貌的前提下，合理地利用文物资源。这可以通过开展各种形式的展览、演出、科研等活动来实现，以便让更多的人了解文物背后的历史和文化内涵，进而促进文物的传承和发展。同时，为了确保文物的质量和安全，必须加强对文物修缮和保护的科学研究，强化相关管理和监督的工作。这包括对文物进行定期检查和维护，以确保它们的保存状态良好；对文物修缮工程进行科学研究和监督，以确保修缮工作符合文物保护的要求；对文物利用活动进行管理和监督，以确保文物得到合理利用。这些措施可以在保护文物的同时，发挥其多元价值，让更多的人了解和欣赏文物的历史和文化内涵。这将有助于促进社会对文物保护的重视和支持，从而实现文物保护的可持续发展。

协调好保护与城市发展的关系：城市发展与文物保护之间，需要找到一个微妙的平衡点。政府应该加强对城市规划和建设项目的审查和管理力度，尽量避免在城市发展过程中，对文物产生一定的破坏和损毁。同时，政府还需要加强对文物周边环境的保护，强化治理工作的力度，确保文物的生存和发展空间得到有效保障。为了实现这一平衡，政府可以采取一系列措施。首先，政府需要建立健全的城市规划机制，确保城市规划和建设项目能够充分考虑到文物的保护和保存。其次，政府可以加强对文物相关法律法规的宣传和执行力度，以保障文物的安全和完整。此外，政府还可以通过行政干预和强制措施来保护文物，确保文物的生存和发展空间得到有效保障。在实践中，政府需要充分考虑城市发展与文物保护之间的平衡点。一方面，政府需要积极推动城市的发展和建设，以满足人民群众日益增长的物质和文化需求；另一方面，政府也需要加强对文物的保护和保存工作，以确保这些珍贵的文化遗产能够得以传承和发扬光大。在必要的情况下，政府可以采取行政干预和强制措施，有效保护文物的安全性与完整性。

四、文物保护的法律框架

随着社会的不断发展和科技的持续进步，人们越来越意识到文化遗产保护的重要性。文物保护不仅代表着对历史和艺术的尊重，更是对未来社会发展的投资。然而，要想在文物保护方面取得良好的成果，首先需要建立一个健全的法律框架。这个法律框架应该具有高度的权威性，具有广泛的影响力，以确保文物保护工作的有效实施。此外还需要通过多种渠道，加强公众对文物保护的认识和意识，让更多的人参与到文物保护事业中来。只有这样，才能更好地保护好人类的文化遗产，让历史和艺术得以传承和发扬光大。

文物保护法律框架的构建中，需要注重立法原则、法律制度、行政机构以及法律责任。

首先，从立法原则的角度来看，文物保护的立法工作需要严格遵循"保护为主，抢救第一"的原则。这一原则强调了文物保护工作应以保护为主，以抢救为第一要务。在保护和抢救文物的过程中，需要充分认识到文物的历史、文化和艺术价值，同时也要考虑到文物所具有的科学和社会价值。文物保护工作是一项具有重要意义的事业，它不仅是对历史和文化的传承和延续，更是对人类文明的尊重和保护。因此，在制定文物保护法规时，必须充分考虑到文物的特点和价值，以科学、合理、有效的方式进行保护和抢救。其次，人们也需要充分认识到，文物是具有多重价值的宝贵资源。它们不仅是历史的见证，也是文化的载体，更是人类艺术的瑰宝。因此，在保护和抢救文物的过程中，需要以尊重文物的原始价值和历史背景为前提，尽可能地保护文物的原貌和特点。最后，还需要考虑到文物的科学和社会价值。文物的科学价值主要体现在其历史、文化、艺术等方面的研究价值上，而社会价值则主要体现在其对于社会和文化发展的推动作用上。因此，在保护和抢救文物的过程中，需要采取科学的方法和技术手段，尽可能地保护文物的完整性和真实性。

从法律制度的角度来说，需要重视以下两点。一是文物保护法规。文物保护法规是文物保护的基本法，它规定了文物的定义、保护原则、保护措施、法律责任等。文物保护法规是为了加强对文物的保护，继承中华民族优秀的历史文化遗产，促进科学研究工作，进行爱国主义和革命传统教育，建设社会主义精神文明和物质文明，根据《中华人民共和国宪法》制定的法规。目前我国文物保护法规有：《中华人民共和国文物保护法》《中华人民共和国文物安全保护管理条例》《中华人民共和国历史文化名城名镇名村保护条例》《古文化遗址古墓葬保护规定》《馆藏文物腐蚀损失鉴定标准》《不可移动文物认定导则》等。文物保护法规的重要性，主要体现在以下5个方面：（1）文物保护法规的制定和执行，可以有效地保护文物的完整性和安全性，防止文物的流失和破坏，从而传承和发展优秀传统文化。（2）文物保护法规的完善和执行，可以提升国家的形象和文化软实力，体现国家对于自身历史和文化的尊重和珍视。（3）文物保护法规可以通过完善文物保护管理制度，推进文物的合理利用，使得文物更好地为社会发展服务。（4）文物保护法规可以加大违法处罚力度，加强文物追索与国际合作等重要内容，从而更有效地打击文物犯罪。（5）文物保护法规可以为文物保护工作，提供更有力的法律依据和管理措施，使得文物保护工作得以更好地进行。总之，文物保护法规的重要性，不仅体现在对文物的保护和传承上，也体现在对国家形象和文化软实力的提升上，以及对文物的合理利用和违法行为的打击上。二是实施细则和地方性法规。在文物保护法规的基础上，各地方可以制定实施细则和地方性法规，以适应不同地区的特殊情况。例如，某地区是一个历史文化名城，拥有丰富的历史文物资源。为了更好地保护这些文物，该地区可以制定相应的实施细则和地方性法规。具体来说，该地区可以在文物保护法规的基础上，结合当地的实际情况，制定更加严格的管理措施和处罚标准。例如，对于破坏文物的行为要加大处罚力度，增加罚款数额；对于文物损坏、丢失等情况要追究相关人员的责任；等等。通过这样的方式，该地区可以更好地保护当地的文物资源，保障文化遗产的传承和发展。文物保护法规是基础，而实施细则和地方性法规则是针对不同地区的特殊情况的必要补充。各地方可以根据当地实际情况，制定符合实际的实施细则和地方性法规，更好地保护文物资源，促进文化遗产的保护和发展。

从行政机构的角度来说，文物保护是一项至关重要的任务，因此需要专门的行政机构来全面负责实施。这些机构通常包括文化部门、文物部门和规划部门等，以确保文物的保护和管理得到有效实施。文化部门在文物保护中扮演着重要的角色，负责监管和保护文化遗产，包括历史建筑、艺术品、书籍等。文化部门的工作人员通常具有深厚的文化背景和专业知识，能够对文物进行鉴定、登记和分类，并制订相应的保护计划。文物部门也是文物保护不可或缺的机构之一，负责收集、保存和展示文物，为公众提供了解和欣赏文物的机会。文物部门的工作人员通常拥有丰富的考古学和历史学知识，能够对文物进行深入的研究和保护。规划部门在文物保护中起着至关重要的作用，负责制定城市规划和土地利用政策，确保文物的保护和利用得到合理的规划和安排。规划部门还需要对文物保护项目进行审批和管理，以确保文物保护工作的顺利进行。通过这些部门的共同努力，可以确保文物的保护和管理得到有效实施，从而为后代留下珍贵的文化遗产。

从法律责任的角度来说，对于破坏文物或违反文物保护法规的行为，必须采取严厉的惩罚措施。这包括对违法者进行罚款、责令恢复原状、承担刑事责任等。同时，还应该加强对文物的保护宣传教育，提高公众对文物保护的意识，共同维护文化遗产的安全和完整。

五、文物保护法律框架的重要性

可以保障文物的安全和质量。文物保护法律框架是至关重要的，因为它确保了文物的安全和质量得到有效保障。通过规定文物的保护标准、保护措施和管理办法，此框架能够防止文物被破坏、盗窃或非法交易。这些措施包括明确规定文物的保护标准、保护措施和管理办法，以及建立相应的监管机制，确保文物的保护工作得到有效执行。此外，文物保护法律框架，还可以确保文物在流通中的安全，防止文物被非法交易。因此，文物保护法律框架是保护国家文化遗产、维护社会稳定和促进文化繁荣的重要保障。

可以促进文化传承和发展。文物保护法律框架可以促进文化的传承和发展。这一法律框架的建立，为文化的传承提供了强有力的保障，使文化遗产能够得到充分的尊重和保护。同时，文物的保护不仅是对历史的尊重，更是对未来社会发展的投资。保护文物可以确保后人能够从这些宝贵的文化遗产中了解历史，汲取智慧，进一步推动文化创新和发展。此外，通过教育、研究、展示等方式，让更多人了解和认识文化遗产的价值和意义。教育是传递文化价值的重要途径，通过教育可以培养人们对文化遗产的尊重和保护意识。研究则可以深入挖掘文化遗产中所蕴含的历史信息和文化价值，为人类提供更多的学术资源和研究机会。展示则是让更多人直接接触和了解文化遗产的重要手段，通过展示可以增强人们对文化遗产的兴趣和热爱，进一步促进文化的传承和发展。

可以推动经济发展和社会进步。文物保护法律框架，在推动经济的发展，促进社会进步等方面，也扮演着至关重要的角色。强化文物的保护，可以有效地带动相关产业的发展，例如旅游和文化创意产业。这些产业的发展，不仅为经济增长注入了强大的动力，同时也创造了大量的就业机会，进一步拉动了社会经济的发展。此外，文物的保护还有助于促进社区的发展和社会的进步。首先，文物保护法律框架的建立，可以增强社区居民的文化认同感和自豪感，激发人们的积极性和参与度。其次，文物的保护可以传承和弘扬传统文化，为社会进步提供强大的精神支撑。同时，文物保护法律框架的完善，也可以提高公众的法律意识和文物保护意识，进一步推动社会的和谐稳定和可持续发展。文物保护法律框架对于推动经济发展和社会进步，都具有不可替代的作用。加强文物的保护和管理，可以实现经济、社会和文化的协同发展，为社会的繁荣和进步贡献力量。加强文物保护的法律法规建设，完善相关制度和机构设置，严格追究违法行为，可以实现文物的有效保护，推动社会发展的良性循环。

六、文物保护法律框架的实施

随着时间的流逝、人类文明的发展，文物成为人们与过去对话的桥梁。这些文物见证了历史的变迁，承载了人类智慧的结晶，为人们的生活提供了丰富的历史和文化资源。然而，文物的保护却是一个世界性的难题。如何有效地保护这些珍贵的文化遗产，使它们能够完整地传承给下一代，是摆在当代人面前的重要任务。文物保护法律框架是保护文物的基础，它为文物的认定、保护、修复、展示和使用，提供了明确的规定和指导；通过法律的强制力，还可以有效地防止文物的破坏、盗窃和滥用，确保文物的安全和完整。同时，文物保护法律框架还可以引导公众提高文物保护意识，促进社会共治，共同守护人类的文化遗产。

文物保护法律框架的核心内容，包括以下四大点。文物的认定和分类、文物的保护和修复、文物的展示和使用以及违法行为的惩处。

（一）文物保护法律框架需要对文物进行认定和分类。根据文物的价值和重要性，可以分为国家级、省级、市级等不同级别的文物。此外，文物保护法律框架还需明确文物的分类标准，以便对文物进行科学的管理和保护。在确定了文物的认定和分类标准后，文物保护法律框架还需规定相应的保护措施和管理制度。对于不同级别的文物，应当制定不同的保护措施，如国家级文物需要制订特别的保护计划，严格限制开发行为；省级文物则需要制定相应的保护规划和管控措施，限制大规模的建设活动。此外，针对不同类型的文物，也需要制定不同的保护措施，如：古建筑需要注重维修和保养，同时加强防火、防盗等安全措施；古籍善本则需要注重保存环境和条件，避免损坏和老化。在管理制度方面，文物保护法律框架需要明确各级政府及相关部门的职责和权限，建立完善的管理机制。政府应当加强对文物保护工作的领导和支持，提供必要的经费和政策保障；相关部门则需要加强协调合作，共同推进文物保护工作。同时，法律框架也需要明确文物的流转、使用、借阅等规定，加强对文物的管理和监管。此外，文物保护法律框架，还需要明确相关法律责任和处罚措施。对于违反文物保护规定的行为，应当依法追究其责任，给予相应的行政处罚或刑事处罚。对于文物犯罪行为，也需要加强打击力度，切实维护文物的安全和尊严。在文物保护法律框架的建立中，需要全面考虑文物的认定和分类、保护措施和管理制度、相关法律责任和处罚措施等方面。只有建立健全的法律框架，才能更好地保护和管理文物，传承和弘扬中华优秀传统文化。

（二）要进行文物的保护和修复，而文物保护法律框架是确保文物得到妥善保护和修复的重要保障。这一法律框架详细规定了文物的保护和修复标准，包括文物的保存环境、修复标准、修复程序、责任主体等，以确保文物在保护和修复过程中得到科学、规范的处理。通过法律的约束，它可以避免不当保护和修复对文物造成的损害，确保文物的历史价值、文化价值和艺术价值得到完整保存。这一法律框架的建立，不仅有助于文物保护工作的开展，也为文物修复工作者提供了明确的操作规范和依据，使文物的保护和修复工作更加科学、规范、有效。此外，文物保护法律框架还对文物的发掘、保管、运输、流通等环节，分别进行了详细的规定。对于文物的发掘，法律规定必须由专业的考古机构进行，严格遵守国家有关文物保护的法律法规，确保对文物进行科学、规范发掘。在文物的保管和运输方面，法律规定必须采取有效的保护措施，确保文物在保管和运输过程中不受损害。对于文物的流通，法律规定必须经过国家有关部门的审批，确保文物的合法流通。同时，文物保护法律框架，还对破坏、盗掘、走私文物等违法行为，进行了相应的严格规定。对于这些违法行为，法律将依法追究刑事责任，并给予相应的罚款、没收等行政处罚。这些严格的法律措施，为文物的保护和修复提供了有力的保障。文物保护法律框架，是确保文物得到妥善保护和修复的重要保障。

（三）要进行文物的展示和使用，而文物保护法律框架对于规范文物的展示和使用至关重要。这一法律框架详细规定了文物的出展、展览、复制、拍摄、研究等环节，确保了文物的展示和使用符合规范。通过法律的约束，它可以确保文物在展示和使用过程中，得到充分的尊重和保护，维护了文物的原始状态和文化内涵，避免了不必要的损害。此外，这一法律框架还为文物持有者、博物馆、研究机构等提供了指导和依据，促进了文物的保护和传承，推动了文物事业的发展。同时，这一法律框架还对文物的鉴定、修复、流通等环节进行了规范，确保了文物的真伪得到准确的鉴别，保护了文物的真实性和价值。在修复过程中，法律框架规定了修复技术的使用和修复程序的规范，保护了文物的原始风貌和价值。同时，法律框架还对文物的流通进行了规定，确保了文物的合法流转和价值得到充分的体现。此外，这一法律框架还对文物犯罪进行了严厉打击。对于盗窃、破坏、贩卖文物等行为，法律框架规定了严格的惩罚措施，确保了文物的安全和保护。同时，法律框架还鼓励社会各界积极参与文物保护工作，提高了公众的文物保护意识，形成了全社会共同参与文物保护的良好氛围。文物保护法律框架，是保障文物安全的关键。通过规范文物的展示和使用、鉴定和修复等环节，它确保了文物的真实性和价值得到保护；同时，严厉打击文物犯罪，提高了公众的文物保护意识，推动了文物事业的发展。未来，仍需要不断完善这一法律框架，为文物保护事业提供更加坚实的保障。

（四）文物保护法律框架对涉及文物的违法行为进行明确、严厉的惩处规定，以确保文物的安全和完整。这些违法行为包括盗窃、破坏、非法交易等行为，这些行为对文化遗产造成了极大的威胁，因此必须通过法律的制裁，以形成对违法行为的强大威慑力，从而有效地维护文物的安全和完整。文物保护法律框架，还需要明确和规范文物的合法流通和收藏行为。对于文物的流通和收藏，法律规定需要严格遵守文物流通、收藏的规范和标准，以确保文物的真实性和安全性。对于不符合规范和标准的文物流通和收藏行为，应当依法予以严厉打击，以防止文物被非法交易或破坏。与此同时，文物保护法律框架还应当加强对文物考古、发掘、保护和修复等环节的监管和管理。这些环节是文物保护工作的重要组成部分，必须严格遵守相关法规和规定，确保文物的科学性和真实性。对于违反相关法规和规定的文物考古、发掘、保护和修复行为，应当依法予以惩处，以维护文物的安全和完整。文物保护法律框架是保护文物安全和完整的重要保障，必须对涉及文物的违法行为进行明确、严厉的惩处规定，同时加强对文物流通、收藏以及考古、发掘、保护和修复等环节的监管和管理。只有这样，才能有效地维护文物的安全和完整，保护人类的文化遗产不受损失。

文物保护法律框架的实施，是保护文物的关键所在，通过加强法律宣传和教育、建立专业执法队伍、加强监管力度以及完善修订和更新机制等策略，可以更好地实施文物保护法律框架，为文物保护提供坚实的法律保障。首先，提高公众对文物保护法律框架的认识和理解，是实施文物保护法律框架的主要内容。为了实现这一目标，政府和社会各界应当积极开展文物保护的宣传和教育活动，通过各种渠道向公众普及文物保护知识，帮助公众了解文物保护的重要性。在宣传教育过程中，应尽可能使用简洁明了的语言，避免使用过于专业或者难以理解的术语，以确保广大公众能够理解并接受文物保护的相关信息。此外，政府和社会各界还应积极利用现代科技手段，如互联网、社交媒体等，扩大宣传范围，提高宣传效果。加强宣传教育活动，可以提高公众的文物保护意识和责任感，使公众更加积极地参与到文物保护工作中来。这样一来，文物保护法律框架的实施将会更加顺利，文物保护工作也将得到更好的保障。其次，要建立专业执法队伍。建立一支专业的文物保护执法队伍，是实施文物保护法律框架的重要环节。这支队伍不仅要具备丰富的文物知识，还要拥有良好的法律素养，能够准确执行文物保护法律框架的规定。相关人员需要具备专业背景和经验，以便在面对各种复杂的文物保护问题时，能够运用自己的知识和技能，确保文物保护法律的准确实施。此外，这支队伍还需要具备高度的责任感和使命感，以便在工作中始终保持对文物保护的敬畏之心，为保护国家文化遗产贡献自己的力量。

加强监管力度也很重要，政府应当加强对文物保护工作的监管力度，这是实施法律框架的必要手段，也是保障文化遗产安全和完整的必要措施。政府应该加强对文物认定、保护、修复、展示和使用全过程的监管，确保各项规定得到有效执行，避免违法行为对文物造成不可逆转的损害。同时，政府还应该建立社会监督机制，鼓励公众参与文物保护工作，共同维护文化遗产的安全和完整。政府在文物保护方面应积极行动，对任何可能导致文物损坏的行为，都要进行严厉惩处，以维护文物的安全和完整。同时，政府还应建立完善的社会监督机制，鼓励公众积极参与文物保护工作，共同维护文化遗产的安全和完整。对于文物的认定，政府应该建立完善的标准和程序，确保文物身份的真实性和准确性。在保护方面，政府应该加大对文物保护工作的投入，提供必要的资金和技术支持，确保文物的保护工作得到有效实施。公众的参与能够增强文物保护的力度和效果，使文物保护工作更加科学、规范和有效。在修复方面，政府应该鼓励和支持专业的修复机构和人才，提高修复工作的质量和效率。公众的积极参与能促进政府与公众之间的互动和沟通，使政府更好地了解公众对文物保护的意见和建议，从而更好地改进工作。在展示方面，政府应该加强对博物馆等展示场所的管理和监督，确保文物的展示和使用符合规定和标准。在使用方面，政府应该加强对文物使用的管理和监督，避免文物的滥用和不当使用。政府还可以通过各种方式鼓励公众参与文物保护工作，如开展宣传教育活动、组织社会志愿者活动等。这些活动可以让公众更好地了解文物的价值和重要性，增强公众的文物保护意识，使公众更加积极地参与到文物保护工作中来。公众是文物保护工作的重要力量，公众的参与可以有效地提高文物保护工作的质量和效率。政府可以通过建立举报奖励制度、公开透明的管理机制等方式，鼓励公众积极参与文物保护工作。

（五）随着时间的推移和社会的发展，文物保护法律框架需要不断地修订和更新以适应新的需求和挑战。政府应建立完善的修订和更新机制，及时收集社会各界的意见和建议，对法律框架进行适时修订和更新，以满足文物保护工作的实际需要。在这个过程中，政府需要积极倾听各方声音，充分考虑各方利益，以制定出符合社会发展和文物保护需求的法律框架。首先，政府需要建立一套完善的意见收集和反馈机制。可以通过开展社会调查、收集公众意见、组织专家论证等方式，广泛听取社会各界对文物保护法律框架的看法和建议。同时，政府还需要建立有效的反馈渠道，及时将收集到的意见和建议，反馈给相关部门和公众，让大家了解政府对意见和建议的重视程度和处理情况。其次，政府需要对法律框架进行适时修订和更新。对于已经过时的条款，需要及时进行修订和更新；对于新出现的问题和挑战，需要及时制定新的条款进行规范。在这个过程中，政府需要注重法律框架的逻辑性和系统性，确保法律框架的整体性和一致性。最后，政府需要加强对法律框架的宣传和普及。通过开展宣传教育活动、提供法律咨询等方式，让公众了解文物保护法律框架的内容和意义，提高公众的法律意识和参与度。同时，政府还需要注重法律框架的宣传和普及，提高公众的法律意识和参与度，共同推动文物保护事业的发展。

除以上几点，还要加强国际合作。在全球化的背景下，文物保护不应局限于一国之内。中国应加强与世界各国的合作与交流，引进国外先进的文物保护理念和技术，分享中国的文物保护经验。通过国际合作，各国共同应对跨国文物犯罪行为，保护人类共同的文化遗产。在这个全球化的时代，文物保护已经成为一个跨国界、跨文化的问题。它不仅涉及一国的历史、文化、艺术和经济发展，也与全球人类文明的发展息息相关。因此，中国在文物保护方面，不仅要加强与国内各界的合作与交流，更要加强与世界各国的合作与交流，引进国外先进的文物保护理念和技术，分享中国的文物保护经验。中国是一个拥有悠久历史和灿烂文化的国家，拥有大量的珍贵文物。这些文物不仅是中国的宝贵财富，也是人类共同的遗产。然而，随着全球化的不断发展，跨国文物犯罪行为也日益猖獗。因此，中国需要通过国际合作，与其他国家共同应对跨国文物犯罪行为，保护人类共同的文化遗产。在这个过程中，中国可以采取多种措施。首先，可以通过与国外政府、国际组织和非政府组织开展合作，共同制定和实施文物保护计划和政策。其次，可以引进国外先进的文物保护理念和技术，提高中国文物的保护和管理水平。此外，还可以分享中国的文物保护经验，促进中外文化的交流和互鉴。通过国际合作，中国不仅可以保护自己的文物，还可以为全球文物保护事业做出贡献。同时，这种合作也可以促进中外文化的交流和互鉴，增进中外人民之间的友谊和相互了解。因此，中国应该加强与世界各国的合作与交流，共同应对跨国文物的犯罪行为，保护人类共同的文化遗产。

培养专业人才也很关键，因为文物保护工作需要专业的技术人员和科研人员。政府应加强对这类人才的培养和引进，为文物保护事业提供坚实的人才基础。同时，政府应鼓励高校和研究机构开展文物保护相关专业和课程，为未来的文物保护工作培养更多的专业人才。此外，政府还应加强对文物保护工作的资金投入，为文物保护事业提供有力的经济支持。政府还应鼓励企业、社会组织和个人参与文物保护工作，共同推动文物保护事业的发展。在培养和引进专业技术人才方面，政府可以采取多种措施：首先，可以加大对高校文物保护相关专业的支持力度，提供更多的奖学金和助学金，吸引更多的学生选择文物保护专业；其次，可以加强对文物保护工作的宣传和推广，让更多人了解文物保护的重要性和必要性，从而吸引更多的专业人才投身于文物保护事业。在鼓励高校和研究机构开展文物保护相关专业和课程方面，政府可以采取以下措施：首先，可以加大对高校和研究机构的支持力度，提供更多的资金和资源，帮助其开设更多的文物保护相关专业和课程；其次，可以鼓励高校和研究机构，开展国际合作与交流，积极引进国外先进的文物保护理念和技术，为我国的文物保护事业提供更多的帮助和支持。文物保护工作需要全社会的共同关注和支持，因此政府应加强对专业技术人才的培养和引进，加大对高校和研究机构的支持力度，鼓励企业、社会组织和个人参与文物保护工作，共同推动文物保护事业的发展。

建立数字化档案时，利用现代科技手段，建立文物的数字化档案，实现对文物的实时监控和动态管理。数字化档案可以记录文物的原始信息、历史沿革、修复过程等，为文物的保护和研究提供便捷的数据支持。同时，数字化档案还有助于文物的展示、传播与利用，提高文物的社会影响力。比如利用大数据和人工智能技术，对数字化档案进行分析和挖掘，为文物的保护和研究提供更深入的数据支持。通过对文物数据的分析，相关工作人员可以发现文物的特点和规律，为文物的修复和维护提供科学依据。同时，对文物数据的分析还可以为文物的展示、传播与利用，提供更加精准的推荐和宣传，提高文物的社会知名度和影响力。利用物联网技术，将数字化档案与文物实体进行关联，以实现文物的智能化管理和监控。通过物联网技术，相关工作人员可以实时监测文物的状态和环境，及时发现异常情况并采取相应的保护措施；还可以通过智能化管理，提高文物的安全性和使用寿命，为文物的保护和研究提供更加可靠的数据支持。利用虚拟现实和增强现实技术，将数字化档案转化为三维立体模型，实现文物的可视化展示和交互体验。通过虚拟现实技术，博物馆可以让观众身临其境地感受文物的历史和文化内涵，提高对文物的认识和了解程度；通过增强现实技术，可以将文物与现实场景相结合，为观众提供更加生动、真实的参观体验。数字化档案的建设和管理，需要专业的技术人员和团队进行支持和维护，因此需要加强对专业人才的培养和引进，提高数字化档案建设和管理的水平；同时，还需要加强与高校、研究机构等合作，共同推进数字化档案的研究和应用，为文物的保护和研究提供更加全面、深入的支持。

文物保护是一项长期而艰巨的任务，需要全社会的共同参与和支持，通过完善法律法规、加强宣传教育、加大资金投入、科学规划与合理利用、加强国际合作、培养专业人才以及建立数字化档案等举措，共同推动文物保护事业的发展。只有这样，才能更好地传承和发扬中华民族的优秀文化，为子孙后代留下宝贵的文化遗产。

第二节　材料科学与文物保护

一、材料科学

材料科学是一个涵盖了各种材料的性质、制备、应用和设计的跨学科领域。其研究内容不仅包括材料的物理和化学性质，还包括其机械、电子、光学和热学等方面的性能。这一学科的重要性在于其对于推动科技进步和经济发展具有不可替代的作用。材料科学主要研究各种材料的组成、结构、性能和加工应用，这包括了金属材料、非金属材料、复合材料、功能材料和生物材料等各种类型。其中，金属材料是最古老也是最重要的材料之一，包括铁、铜、铝、钛等各类金属及其合金。非金属材料则包括塑料、橡胶、陶瓷、玻璃等，这些材料在建筑、电子、汽车等领域有着广泛的应用。复合材料则是由两种或两种以上的不同材料，通过物理或化学方法结合而成，具有新的性能和用途。功能材料则包括了半导体、超导体、新能源材料等，这些材料在信息技术、生物技术等领域有着广泛的应用。生物材料则是一种用于替代、修复或增强人体部分功能的材料，如人工关节、牙齿等。材料科学具有多学科交叉性、创新性和应用性的特点，涉及化学、物理、工程等多个学科的知识，往往需要从多个角度来研究材料的性质和制备，从而得到更全面和深入的认识。材料科学的研究需要不断创新和探索，只有通过不断的实验和理论研究，才能发现新的材料和新的制备方法，以满足不断变化的需求。材料科学的研究成果有着广泛的应用前景，不仅可以用于制造各种产品，还可以用于医疗、环保等领域。

材料科学是科技进步的重要驱动力之一，因为新的材料不断涌现为各种新技术的发展提供了基础。例如，半导体材料的发现，为信息技术的发展奠定了基础；高温超导材料的发现，为电力传输和磁悬浮技术的发展提供了可能。材料科学在经济发展中扮演着关键的角色。无论是制造业、建筑业还是高新技术产业，都需要大量的材料支持。先进的材料可以大大提高生产效率和产品质量，从而推动经济发展。此外，材料科学的研究和发展，催生了许多新的产业和就业机会。材料科学的发展，也为人们的生活质量提供了保障。例如，研究和开发新的环保材料，可以减少环境污染；研究和开发新的生物材料，可以改善医疗条件和提高人们的生活质量。在全球化日益加强的今天，拥有先进的材料科学技术的国家，往往能在国际竞争中占据优势地位。这不仅体现在经济领域，也体现在科技研发、军事领域等方面。材料科学是一个具有重要意义的学科领域，它不仅可以推动科技进步，促进经济发展，而且可以提高生活质量，增强国家竞争力。在未来的科技发展中，材料科学将继续发挥关键作用，为人类创造更美好的未来提供可能。

二、材料科学与文物保护的关系

材料科学在文物保护领域的应用日益受到关注，其应用范围广泛，涉及陶瓷、青铜器、铁器、木器等各类文物的保护。通过运用材料科学，文物修复师可以更加准确地模拟出文物的原始状态，进行修复和保护。同时，材料科学还可以提高文物的耐久性和稳定性，延长文物的寿命。在文物修复中，运用材料科学可以大大缩短修复时间，提高修复效率。例如，使用高分子材料对文物进行加固，可以使文物更加坚固耐用。此外，材料科学还可以为文物的复制和仿制提供相应的技术支持，使文物得以更好地保存和传承。除了修复和保护，材料科学还可以用于文物的发掘和开采。在考古学中，运用材料科学可以帮助考古学家更好地识别和判断文物的年代、产地等信息，为考古研究提供更加准确的数据支持。通过不断研究和实践，人们相信材料科学会为文物保护领域带来更多的创新和进步。

材料科学在文物保护中扮演着重要的角色，不同的文物需要不同的材料，如金属、陶瓷、玻璃等进行修复和保护。材料科学家通过研究文物的组成和性质，开发出适合修复和保护文物的材料。例如，针对金属文物的腐蚀问题，材料科学家研发出各种防腐蚀涂层材料；对于陶瓷文物，开发出能够增强陶瓷强度和韧性的陶瓷材料。此外，材料科学在文物的预防性保护中也发挥了重要作用。通过对文物存放环境的控制，如温度、湿度、光照等因素的控制，相关工作人员可以有效地延缓文物的老化过程。例如，通过使用智能环境控制系统，相关工作人员可以实时监测文物的保存环境，并自动调节温度和湿度，以保持文物的最佳保存状态。

三、材料科学在文物保护中的应用案例

1. 金质文物的修复

金质文物在保存过程中，常常会受到严重的腐蚀，为了修复这些珍贵的文物，材料科学家开发出了一种基于纳米技术的金涂层。这种涂层具有优异的防腐性能和透明度，可以保护金质文物的表面不受腐蚀，同时保持文物的原始外观。在修复过程中，还需要使用高精度的纳米修复设备和高品质的清洁材料，以确保文物的完整性和永久性。除了金质文物，其他材质的文物也面临着类似的保存难题。为此，材料科学家不断探索新的技术，以应对各种材质的文物保护问题。例如，针对陶瓷类文物，研究人员开发了一种基于陶瓷材料的涂层。这种涂层不仅可以提高陶瓷的硬度，还可以防止陶瓷表面受

到物理和化学腐蚀。同时，对于绘画类文物，材料科学家则利用纳米技术将颜料进行纳米级分散，以获得更加稳定和持久的绘画效果。在修复过程中，除了使用先进的纳米涂层和修复设备，还需要对文物进行严格的清洁和保护。这需要使用高品质的清洁材料和专业的技术手段。例如，对于金属类文物，需要使用特殊的金属清洁剂和保护剂，以避免对金属表面造成损害；而对于陶瓷类文物，则需要采用特殊的陶瓷清洁剂和保护剂，以确保文物的完整性和永久性。

除了用于文物保护，纳米技术还可以应用于文物的复制和鉴定中。通过纳米级的扫描和复制技术，工作人员可以获得文物的精准复制品，以便于研究、展示和教育。同时，纳米级的鉴定技术也可以帮助人们更加准确地判断文物的年代、材质和工艺等。

2. 陶瓷文物的修复

陶瓷文物，这些历经岁月沧桑的珍贵宝藏，常常在保存过程中面临诸多挑战。其中，裂缝和破碎是陶瓷文物最常遭遇的问题。为了确保这些历史瑰宝能够得到有效的修复与保护，材料科学家经过不懈努力，成功研发出了一种具有高强度和高韧性的陶瓷复合材料。这种创新的陶瓷复合材料，不仅具有很高的强度，能够有效地支撑和保护陶瓷文物，而且具有出色的韧性，能够经受各种自然灾害和人为破坏的考验。在修复过程中，这种材料能够发挥出其独特的优势，为陶瓷文物的修复提供了强有力的支持。

为了确保陶瓷文物的修复能够做到尽善尽美，修复人员还采用了先进的3D打印技术。这种技术能够精确地复制出文物的原始形状和细节，使得修复过程更加准确、精细。通过3D打印技术的辅助，陶瓷文物的修复工作能够更加完美地呈现出文物原始的风貌，为后人留下宝贵的历史见证。除此之外，为了更好地保护陶瓷文物，考古学家和历史学家也做出了许多努力，通过研究文物的历史背景、制作技术和相关文化，深入了解文物的价值和意义。同时，还与博物馆、图书馆等机构合作，共同为陶瓷文物的保护和传承提供更多的支持和帮助。在现代社会中，陶瓷文物的保护和修复已经越来越受到重视。政府和相关部门也采取各种措施，加强对陶瓷文物的保护和修复工作。随着科技的不断进步和发展，数字化技术也被广泛应用于陶瓷文物的保护和修复工作中。通过数字化技术，工作人员可以更加准确地复制和记录文物的细节和特征，为后续的修复工作提供更加准确的数据支持。

陶瓷文物的保护和修复是一项长期而复杂的工作，需要多方面的合作和支持，包括材料科学家、考古学家、历史学家、博物馆、图书馆等机构，以及政府和相关部门的支持和帮助。只有共同努力，才能让这些珍贵的文化遗产得以永久保存和传承。

3. 木制文物的保护

木制文物，这些历史的瑰宝，在时间的流转中，常常面临虫蛀和腐烂的严重威胁。为了确保这些珍贵的文物能够永久保存，材料科学家经过不懈努力，成功开发出一种基于纳米技术的木材防腐剂。这种防腐剂在纳米尺度上运作，能够深入木材的细胞结构，有效地杀死蛀虫和防止腐烂。这种纳米级木材防腐剂的核心优势在于，可以对木材外观和结构进行完美保护。传统的防腐剂可能会在木材表面留下明显的痕迹或者改变其颜色，但这种新型防腐剂却能够在处理过程中完全不留任何痕迹，保持了木材原有的纹理和色泽。这使得文物在经过保护处理后，依然能够保持其原始的美感和历史价值。然而，保护木制文物并非单一的防腐处理。在保护过程中，还需要借助高精度的纳米扫描设备，对文物进行深入的分析和检测。这种设备能够以纳米级的精度，揭示文物的内部结构和保存状况，为后续的保护工作提供准确的数据支持。同时，高品质的清洁材料也必不可少。这些清洁材料能够去除文物表面的污渍和杂质，恢复其原有的光泽和细节。这种综合的保护方案，能够确保木制文物的完整性和永久性。这不仅是对历史的尊重，也是对未来的投资。因为只有永久保存这些珍贵的文物，才能从中获取历史的教诲，领略先人的智慧，感受文化的魅力。

材料科学在文物保护中扮演着至关重要的角色。通过研究和应用新材料和技术，可以更好地修复和保护各种类型的文物，使它们能够永久地保存下来供后代欣赏和学习。随着科技的不断发展进步，材料科学也将会为文物保护领域带来更多的创新和突破。

4.纸质文物的保护

纸质文物，如古籍、书画等，不仅是中华民族的宝贵财富，更是历史文化的载体，具有不可替代的价值。这些珍贵的文献资料，在漫长的岁月中幸存下来，为人们提供了宝贵的历史见证。为了确保这些纸质文物的永久保存，材料科学在保护工作中发挥了至关重要的作用。通过深入研究和探索纸张的化学成分和结构，材料科学家成功地开发出了新型的防虫剂和防霉剂。这些创新型保护剂，以其高效、环保、安全的特性，为纸质文物的保护提供了强有力的支持。它们能够有效地防止虫害和霉菌的生长，延长纸张的使用寿命，使得这些珍贵的文献资料得以长期保存。此外，纳米材料的应用也为纸质文物的保护带来了新的突破。通过应用纳米技术，材料科学家成功地改善了纸张的机械性能和防水性能。这些纳米材料具有极佳的柔韧性和强度，能够有效地提高纸张的耐用性，防止水分的侵入，从而进一步延长了纸质文物的使用寿命。

四、材料科学与文物保护的未来展望

随着科技的不断进步，材料科学与文物保护的结合将更加紧密。未来，人们将看到更多的新型材料和技术在文物保护中的应用。例如，纳米材料、生物材料、光电子材料等，将在文物保护中发挥重要作用。此外，数字化和智能化技术的发展，也将为文物保护带来新的机遇。采用数字化技术，可以将文物信息进行精确采集和存储，为文物的修复和保护提供可靠的数据支持。同时，智能化技术可以实现对文物的实时监控和自动调控，提高文物的保护效果。

1.光电子材料在文物保护中的应用

随着科技的飞速发展，光电子材料逐渐渗透到日常生活的各个领域，其在文物保护方面的应用更是令人瞩目。光电子材料具有独特的物理和化学性质，为文物保护提供了全新的解决方案，让古老的文物得以更好保存。该技术不仅可以用于文物的检测、修复和展示，还可以提高文物的保护效果和公众意识。随着科技的不断发展，光电子材料将在未来的文物保护领域发挥更大的作用，让全人类的文化遗产得以更好传承和保护。

光电子材料具有光电导性，某些材料在光照下能导电，这一现象称为光电导性。利用这一特性，相关领域科学家开发出了用于文物扫描和成像的光电子设备。通过高精度的扫描，这些设备能捕捉到文物的精确图像，包括文物的微观结构和隐藏的特征。这大大提高了文物的保护和修复效率。光电子材料也具有热电效应。当光电子材料受到光照时，会产生热量，而这一热量又能转化为电能。这一特性被用于文物的无损检测和修复，通过这种方式，可以避免因传统修复方法对文物造成损害。光电子材料还具有光致发光的特性，即一些光电子材料在光照下能发出特定波长的光。这一特性被用于文物的三维重建和展示。通过这些设备，参观者可以从多个角度欣赏到文物的原貌，大大提高了文物的展示效果。

光电子材料在文物保护中的应用，主要体现在三个方面。一是利用光电导性和热电效应，光电子设备可以无损地检测文物的内部结构和缺陷。这有助于确定最佳的修复方案，并避免对文物进一步损害。二是通过光致发光的特性，相关工作人员可以精确地记录和重建文物的三维图像。这不仅有助于研究文物的原始状态，也为修复工作提供了准确的参考。三是光电子材料还可以用于预防性保护。例如，某些光电子涂料可以吸收环境中的有害光线，减缓文物的老化过程，这大大提高了文物的保护效果。

随着科技的不断发展，光电子材料在文物保护中的应用将更加广泛。未来的文物保护工作中，将更加注重文物的原始状态和完整性，光电子材料在这一方面具有巨大的潜力。同时，随着公众对文物保护的关注度不断提高，光电子材料也将被更广泛地应用于教育和展示领域。通过这些材料和技术，人们可以更深入地了解文物的历史和文化价值，提高全社会的文物保护意识。

2.生物材料在文物保护中的应用

随着科技的不断发展，生物材料在文物保护中的应用逐渐显现巨大的潜力。生物材料，包括生物降解材料和生物合成材料，已被广泛用于保护和修复各种文物，如壁画、雕塑、纺织品和纸质文物等。这些材料具有天然的降解性，对环境友好，且能有效地防止文物受到物理和化学损伤。生物降解材料在文物保护中的应用比较广泛。一些生物降解材料，如淀粉、纤维素和木质素等，具有良好的生物相容性和降解性，因此在文物保护中具有较多的应用。例如，淀粉基生物降解材料，被用于制作可降解的胶水、涂料和黏合剂等，对保护纸质文物、壁画和雕塑等，具有显著的应用效果。纤维素基生物降解材料也被用于文物保护中。例如，麻纤维、竹纤维等，被用于制作可降解的纸张和纺织品，以替代传统的非生物降解材料。这些新材料不仅可以有效地保护文物，还可以降低对环境的污染。另外，一些生物合成材料，如胶原蛋白、丝蛋白等，具有良好的生物相容性和机械性能，因此在文物保护中也有广泛的应用。例如，胶原蛋白被用于制作保护文物的涂层和薄膜，可以有效地防止文物受到物理和化学损伤；丝蛋白也被用于制作可降解的纤维和纺织品，以替代传统的非生物降解材料。

除了生物材料，生物技术也在文物保护中发挥了重要的作用。例如，DNA修复技术被用于修复受损的文物，可以有效地恢复文物的原始状态。此外，微生物技术也被用于文物的清洁和保护，可以有效地去除文物表面的污垢和污染物。除了DNA修复技术和微生物技术，生物技术还在文物保护领域中发挥了其他重要的作用。例如，利用生物材料，可以保护文物免受自然环境和人为破坏的损害。生物材料可以有效地防止文物表面的老化、腐烂和出现裂纹，同时也可以增强文物的耐久性和稳定性。生物技术还可以用于文物的复制和修复，可以有效地复制文物的外观和细节，并使其与原件难以区分。这种技术被广泛应用于博物馆和文物保护机构，以便保护和展示珍贵的文物。

生物技术在文物保护中扮演了至关重要的角色，可以有效地修复、保护和展示文物，使这些珍贵的文化遗产得以永久保存并传承给后代。因此，生物材料和技术在文物保护中具有十分广泛的应用前景。这些材料和技术不仅可以有效地保护文物，还可以降低对环境的污染，符合当前可持续发展的要求。然而，尽管这些材料和技术具有许多优点，但还需要进一步的研究和改进，才能更好地应用于文物保护。例如，需要进一步研究生物材料的长期稳定性和耐久性，以确保该技术能够有效地保护文物免受环境和时间的侵蚀。此外，还需要进一步研究和开发更先进的生物技术，以更精确地修复和保护文物。未来，人们可能会看到更多的生物材料被开发出来，用于保护和修复各种类型的文物。同时，人们也期待更先进的生物技术被用于文物的修复和保护，以更精确地恢复文物的原始状态。这些生物材料和技术能够更好地融入环境，成为可持续发展的一个重要组成部分。

3. 纳米材料在文物保护中的应用

随着科技的发展，纳米材料和技术在文物保护领域的应用，也受到了越来越多的关注。纳米材料具有独特的物理和化学性质，为传统文物保护方法提供了新的可能性。一般来说，纳米材料是指基本结构单元尺寸介于 1 纳米到 100 纳米范围之间的材料。纳米材料的种类非常多，包括金属纳米颗粒、二维纳米材料（如石墨烯）、纳米管、纳米线、纳米粉体、纳米孔等。纳米材料具有许多传统材料没有的优良性能，如热稳定、高比表面积、高催化活性、光电性能、机械强度等。纳米材料因其特殊的尺寸和性能，在许多领域中具有广泛的应用，如纳米传感器、催化剂、高效能的太阳能电池、纳米生物传感器、光电器件、纳米药物，等等。随着纳米材料理论研究与开发应用技术的不断进步，其应用范围不断拓宽，在电子、家电、医疗器械、机械、能源、纺织、环保、航空航天等领域的应用逐渐深入。

纳米材料以其独特的尺寸效应和量子效应，在文物保护中发挥着重要的作用。这些特性包括高比表面积、高活性、高渗透性等，使得纳米材料在修复文物方面具有显著优势。纳米材料在文物保护的应用，主要体现在石质文物保护、纸质文物保护、纺织品文物保护等方面。石质文物如石雕、石窟等，常面临风化、侵蚀等问题，而纳米材料的应用为保护石质文物提供了新途径。例如，纳米硅酸盐复合材料可以用于石雕的表面防护，提高其抗风化能力。纳米改性有机硅聚合物，可以用于保护纸张，提高其防水、防霉性能。此外，纳米抗菌剂也可以有效地抑制纸质文物的微生物腐蚀，延长其保存期；而纳米涂料可以用于纺织品的保护，提高其防水、防霉性能。纳米抗菌剂也可用于抑制纺织品的微生物腐蚀。

　　例如，西班牙古罗马遗址采用了纳米保护技术。西班牙古罗马遗址受到严重侵蚀，研究人员采用纳米复合材料对遗址进行涂层保护，显著提高了遗址的抗风化能力。再比如，对中国古代壁画采用了纳米保护技术。中国古代壁画面临严重的褪色和风化问题，研究人员采用纳米涂料对壁画进行保护，成功抑制了壁画的进一步风化。虽然纳米材料在文物保护中的应用取得了显著成果，但仍面临一些挑战。例如，纳米材料的长期稳定性、环境影响以及对人类健康的风险，都需要进一步研究和评估。然而，随着科技的不断发展，纳米材料将成为文物保护的重要工具。未来，进一步研发更高效、更环保的纳米材料，将为文物保护提供更多可能性。纳米材料在文物保护中的应用，展示了其广阔的前景。它不仅提高了文物的抗风化能力，还延长了其保存期。然而，为了更好地利用纳米材料在文物保护中的优势，相关工作人员需要持续关注并解决这些挑战，通过进一步的研究和开发，有望为未来的文物保护提供更高效、更环保的解决方案。

第三节　风险管理与文物保护

　　在当今社会，风险无处不在，包括各种自然灾害、人为破坏、经济波动等。这些风险对于文物保护来说同样存在，且对其造成的危害可能更为严重。因此，针对这些风险实施有效的风险管理对于文物保护工作至关重要。首先，对于自然灾害，如地震、洪水、火灾等，文物保护部门需要建立完善的预警机制，及时监测并预测可能发生的灾害，以减少潜在的损失。其次，对于人为破坏，如盗窃、破坏文物等，需要加强安保措施，提高文物的安全保障水平。此外，对于经济波动，文物保护部门需要密切关注市场动态，制订合理的展览计划和营销策略，以保持文物的价值稳定和市场竞争力。除了以上措施，实施有效的风险管理，还需要注重文物的修复和保护工作。对于受到破坏的文物，需要及时进行修复和保护，以防止进一步损失。同时，对于具有重要历史价值的文物，需要采取特殊措施进行保护，如建立专门的保护机构、加强监管等。此外，还需要注重文物的预防性保护，通过科学的方法和手段，防止文物受到自然和人为因素的损害。因此，实施有效的风险管理是文物保护工作的关键。建立完善的预警机制、加强安保措施、关注市场动态、注重文物的修复和保护工作等措施，可以有效地减少风险对文物造成的潜在损失，保障文物的安全和价值稳定。

一、风险识别与评估

1. 自然灾害

如地震、洪水、火灾等，这些风险因素具有极大的破坏性，可能在瞬间直接对文物造成不可逆转的损害，甚至导致文物永久丢失。这些风险因素不仅对文物造成直接的物理损坏，还会对文化遗产的价值和传承，造成不可估量的损失。因此，博物馆需要采取有效的措施来保护文物，防止这些风险因素的发生和影响。

2. 人为破坏

人为破坏因素主要包括盗窃、非法挖掘、破坏性建设和不当的修复等，这些行为会对文物造成不可逆的损害。因为博物馆内展出的文物和艺术品，往往具有极高的价值，因此可能成为盗窃和破坏的目标。博物馆应采取必要的安全措施，如安装监控摄像头、实施严格的访客管理和物品保护措施等。各种违法行为不仅会对文物造成不可逆的损害，还会破坏文物的历史价值和文化内涵。文物保护部门应该加强对文物的保护和管理，采取有效措施防止盗窃、非法挖掘、破坏性建设和不当修复等行为的发生。同时，公众也应该提高文物保护意识，自觉遵守文物保护法规，共同保护好人类的文化遗产。

3. 经济波动

经济的繁荣与萧条，对于文物的保护经费有着深远的影响。在经济繁荣时期，政府和企业通常会有更多的资金用于文物的保护和修复工作，从而确保这些珍贵的文化遗产能够得以传承和发扬。然而，当经济陷入萧条时，政府和企业可能会削减文物保护经费，导致许多文物无法得到及时的保护和修复，甚至可能遭受损失。此外，经济的繁荣与萧条，还会影响文物的保存状态。在经济繁荣时期，文物保护机构通常会有更多的资源和人力投入文物的修复和维护工作中，确保文物的完整性和真实性。然而，当经济陷入萧条时，这些资源可能会减少，导致文物的保存状态受到影响，甚至可能出现损坏或丢失的情况。因此，经济的繁荣与萧条，对于文物的保护和保存状态，都具有不可忽视的重要影响。为了确保文物的安全和传承，需要时刻关注经济的形势，并采取相应的措施，以确保文物的保护和修复工作得以顺利进行。

4. 火灾风险

博物馆内收藏了大量的珍贵文物和艺术品，一旦发生火灾，将造成无法估量的损失。因此，博物馆应采取有效的预防措施，如安装自动灭火系统、烟雾探测器和火灾报警设备等。

5. 环境污染风险

博物馆作为一个重要的文化机构，其所在地区的环境污染，可能会对馆内的文物和艺术品造成不可逆的损害。这些文物和艺术品，有的具有悠久的历史，有的则包含了重要的文化信息，因此，保护文物免受环境因素的损害是至关重要的。

6. 知识产权风险

博物馆在文物和艺术品的展示和研究中，可能涉及知识产权问题。博物馆应尊重和保护知识产权，避免侵犯他人的合法权益。这个问题的复杂性和敏感性，需要博物馆方面给予高度的重视和尊重。为了确保不侵犯他人的合法权益，博物馆应该采取一系列措施来保护和尊重知识产权。

7. 信息安全风险

博物馆的文物和艺术品信息，是非常宝贵且不可替代的，因此可能会因为管理不善或技术漏洞，而面临泄露或被篡改的风险。这种风险可能会导致无法挽回的损失和伤害，因此博物馆应该加强对这些信息的安全保护。为了确保信息的安全，博物馆应该采取有效的加密措施，将信息转化为不易被他人理解的形式，以防止未经授权的访问和篡改。此外，博物馆还应该采取备份措施，确保即使发生信息泄露或被篡改的情况，也能够从备份中恢复并继续提供服务。因此，博物馆应该加强对文物和艺术品信息的安全保护，以避免潜在的风险和损失。

博物馆文物保护中面临的风险多种多样，包括自然因素、人为因素和社会因素等。为了有效地管理和保护这些珍贵的文物，需要对这些风险进行识别和评估，并采取综合性的措施来预防和应对。识别和评估这些风险需要专业的知识和技能，包括文物保护知识、历史知识、考古知识，等等。同时，还需要大量的时间和精力来进行调查和研究。通过对文物的调查和研究，相关工作人员可以了解文物的材质、制作年代、保存状况等信息，从而为后续的保护工作提供基础数据。在识别和评估风险之后，需要采取综合性的措施来预防和应对这些风险。这些措施包括环境控制、包装运输、修复保护、安全防范，等等。同时，还需要加强对文物的监测和维护，及时发现和处理任何可能出现的问题。虽然对博物馆文物保护中面临的风险进行识别和评估需要大量的投入，但是对于文物的保护来说是必要的。只有通过科学的保护和管理，才能确保文物的长久保存和传承，让后人也能欣赏到这些珍贵的文化遗产。

二、风险管理策略

博物馆是人类文明的重要载体，是传承和展示人类智慧和创造力的重要场所。其收藏的文物，每一件都蕴含着丰富的历史和文化信息，具有重要的艺术、历史、科学价值。这些文物不仅是人类过去的见证，也是人类未来的宝贵财富。然而，这些珍贵的文物往往面临着各种各样的风险，如自然环境的侵蚀、人为因素的破坏和技术风险等，因此博物馆在文物保护方面实施风险管理显得尤为重要。首先，自然环境因素对文物的风险不容忽视。博物馆中的文物有的来自古代墓葬，有的来自地下埋藏，有的来自水下遗址等。这些文物在长期埋藏的过程中，会受到各种自然因素的影响，如温度、湿度、光照、空气等，这些因素都会对文物造成不同程度的损害。因此，博物馆需要对这些文物进行有效的保护，采取相应的措施来防止自然环境对文物的侵蚀。其次，人为因素也是文物风险的重要来源。在博物馆的运营过程中，可能会遇到各种人为破坏文物的行为，如偷窃、破坏、不当修复等。因此，博物馆需要制定相应的人为因素风险管理措施，通过提高安保措施、加强员工培训、提高公众意识等措施，尽可能地避免人为因素对文物的破坏。最后，技术风险也是文物保护中不可忽视的因素。随着科技的发展，新的技术手段不断涌现，这既给文物保护带来了新的机遇，也带来了新的挑战。例如数字化技术、虚拟现实技术等的应用，可以让更多的人了解和体验到文物的重要性和价值，但同时也会对文物造成一定程度上的影响。因此，博物馆需要在使用新技术的同时，也要加强对新技术的风险评估和管理，以确保文物能够得到有效的保护和管理。博物馆在文物保护方面实施风险管理是非常必要的，通过采取有效的措施，可以防止自然环境对文物的侵蚀、避免人为因素对文物的破坏，降低技术风险对文物的影响等，为文物保护保驾护航。只有这样才能够更好地保护和展示这些珍贵的文物，让更多的人了解和体验到人类文明的重要性和价值。

1. 建立完善的风险管理体系

包括风险的识别、评估、控制和监控等环节。首先，要明确文物的风险点，以便有针对性地进行管理。其次，要建立风险评估机制，对可能的风险进行量化评估，为后续的风险管理提供依据。在风险识别阶段，需要对文物的历史、现状和环境进行深入了解，明确文物可能面临的风险点。这需要进行全面的调查和评估，例如对文物的材质、结构、保存环境等进行详细的分析和研究；同时，还需要了解文物所面临的社会环境，例如文化传承、政策法规、自然灾害等因素，以便更好地预测和应对可能出现的风险。在风险评估阶段，需要建立科学的风险评估机制，对可能的风险进行量化评估。这需要收集相关的数据和信息，运用科学的方法和技术手段进行分析和研究，以便准确地评估文物的风险等级和危害程度；同时，还需要考虑风险的可控性和可接受性，以便为后续的风险管理提供科学依据。在风险控制阶段，需要采取有效的措施和方法，对文物面临的风险进行控制和管理。这需要根据风险评估的结果，制定相应的风险控制方案和措施。例如，对于保存环境的问题，可以改善文物的保存环境或者定期进行维护保养；对于自然灾害的问题，可以建立预警机制或者制定应急预案等。在风险监控阶段，需要对文物的风险进行持续的监控和检测，这需要建立完善的风险监控机制和检测体系，定期对文物的状态和环境进行检查和监测；同时，还需要及时调整和完善风险控制方案和措施，以确保文物的安全和保护工作的顺利进行。文物风险管理需要从风险识别、评估、控制和监控等多个环节入手，全面加强对文物风险的掌控和管理。只有这样，才能更好地保护和传承中华民族的优秀文化遗产。

2. 加强法律法规建设

通过制定严格的文物保护法律法规，政府加大对文物犯罪的打击力度，从法律层面保障文物的安全。这一举措对于保护国家文化遗产，维护历史传承具有重要意义。运用法律手段可以有效地遏制文物犯罪行为的发生，确保文物的安全和完整。同时，加大对文物犯罪的打击力度，也可以起到震慑作用，让犯罪分子望而生畏，不敢轻易涉足这一领域。因此，制定严格的文物保护法律法规，加大对文物犯罪的打击力度，是从法律层面保障文物安全的重要措施。此外，还可以通过加强文物修复和保护工作的投入，提升文物保护工作人员的业务素质和技能水平，以及推动文物数字化保护等措施，从多个层面保护文物安全。在法律法规的制定方面，可以借鉴国内外先进的文物保护经验，完善文物保护法律法规体系，明确文物保护的责任和义务，加大对文物犯罪的处罚力度，从严惩处文物犯罪行为。同时，还可以通过宣传教育，提高公众对文物保护的认识和意识，引导公众共同参与到文物保护工作中来。在文物修复和保护方面，可以引进更多的先进技术和设备，加大对文物修复工作的投入，提高文物保护工作人员的业务素质和技能水平。此外，还可以开展国际合作，引进国外先进的文物保护理念和技术，进一步推动我国文物保护工作的开展。在文物数字化保护方面，可以借助现代科技手段，对文物进行数字化采集和保护，建立数字博物馆和数字文化遗产保护平台，实现文物的数字化保护和管理。这样不仅可以更好地保存文物信息，还可以提高文物的展示和宣传效果，吸引更多人关注和参与到文物保护工作中来。保护文物安全需要从多个层面入手，通过制定严格的文物保护法律法规，加大对文物犯罪的打击力度，加强文物修复和保护工作的投入，提升文物保护工作人员的业务素质，提高其专业技能水平，推动文物数字化保护等措施，共同守护好人类的文化遗产。

　　例如，博物馆在文物和艺术品的展示和研究中，可能会涉及知识产权的问题。首先，博物馆应该对所有展出的文物和艺术品进行详细的背景调查，确保没有侵犯任何人的知识产权。对于那些可能涉及知识产权问题的文物和艺术品，博物馆应该与相关的所有者或权利人进行沟通和协商，确保得到相应的许可或授权。其次，博物馆应该建立健全的知识产权保护制度，包括制定严格的规章制度和操作流程，确保员工和参观者都明确了解和遵守。同时，博物馆还应该加强对文物和艺术品的保护措施，如采用先进的安保设备和技术，确保文物的安全和完整性。此外，博物馆还应该加强与相关机构和法律部门的合作，共同打击侵犯知识产权的行为。对于那些未经授权擅自使用或复制文物和艺术品的行为，博物馆应该及时采取法律手段予以制止和惩罚，以维护知识产权的合法权益。博物馆在文物和艺术品的展示和研究中，所涉及的知识产权问题非常重要，必须得到充分的重视和尊重。只有采取一系列措施来保护和尊重知识产权，才能确保博物馆在满足公众需求的同时，不侵犯他人的合法权益。

3. 提高技术水平

引进先进的文物保护技术，如数字化保护、无损检测等，能够显著提高文物的修复和保护水平。数字化保护技术可以将文物转化为数字图像，以便存储、复制和展示，而不会对文物本身造成任何损害。无损检测技术则可以在不破坏文物的前提下，检测出文物的内部结构和材质，为文物的修复和保护，提供更加准确的数据支持。这些先进技术的引进，不仅可以提高文物的保护水平，还可以为文物的展示和研究提供更加详尽的信息和数据支持。此外，还应加强文物修复人才的培养，通过建立完善的培训机制和设立专门的培训机构，提高文物修复人员的专业素质和技术水平。同时，加强文物法律法规的制定和实施，确保文物的保护和修复工作有法可依、有章可循。在文物的修复和保护过程中，还要注重国际合作和交流。通过与国际文物保护机构的合作，引进更先进的文物保护理念和技术，推动我国文物保护事业的发展。同时，加强与国际学术界的交流和合作，共同开展文物研究工作，深入挖掘文物的历史、文化和艺术价值。只有通过全社会的共同努力，才能更好地保护和传承中华民族的优秀文化遗产。

4. 加强人员培训

提高文物工作者的专业素养和安全意识，使其能够更好地应对文物保护中的各种风险，这一点至关重要。为了实现这一目标，需要采取一系列措施。首先，需要加强对文物工作者的专业培训，提高相关人员的专业素养。这包括对文物的基本知识、保护技术、历史文化等方面的深入了解和掌握。只有具备扎实的专业知识，才能够更好地应对文物保护中的各种挑战。其次，需要加强文物工作者的安全意识培训，使其充分认识到文物保护的重要性，以及自己在文物保护中的责任和使命。安全意识的提高，可以增强文物工作者对风险的敏感度和防范意识，从而更好地预防和应对风险。此外，还需要建立健全的文物保护制度，加强对文物工作的监管和管理。这包括对文物工作者的资格认证、工作规范、保护措施等方面的规定和要求，以确保文物工作的高效和有序进行。

为了提高文物工作者的专业素养和安全意识，许多博物馆和文物保护机构正在采取各种措施。首先，需要提供定期的培训和教育课程，以帮助员工了解更多有关文物保护的知识和技能。这些课程包括如何正确地修复文物、如何安全地存储和运输文物，以及如何识别和处理文物盗窃等。其次，这些机构还强调了安全意识的培养，向员工介绍了各种安全措施，比如如何防止火灾、如何防止盗窃，以及如何应对自然灾害等。再次，还鼓励员工在工作中保持警惕，时刻保持对周围环境的观察，以便及时发现任何潜在的风险。最后，为了确保这些措施的有效性，许多博物馆和文物保护机构还采取了评估和考核的方式，对员工的专业素养和安全意识进行评估。这些评估包括考试、模拟演练和实际操作等，以确保员工具备足够的技能和知识，能够更好地应对文物保护中的各种风险。通过这些措施，文物工作者能够更好地应对文物保护中的各种风险，提高文物的保护水平和安全性。同时，这些措施也能够提高员工的专业素养和安全意识，为文物保护事业的发展提供更好的保障。

5. 建立应急响应机制

针对可能出现的突发事件，制定应急预案是非常重要的。通过提前规划和准备，可以减少突发事件带来的负面影响。应急预案应该包括各种可能出现的紧急情况，如自然灾害、设备故障、网络安全事件等。在制定预案时，需要考虑各种风险因素，并制定相应的应对措施。为了确保应急预案的有效性，还需要定期进行演练。演练可以模拟真实紧急情况，帮助工作人员发现预案中的不足和缺陷，并及时进行改进。通过反复演练，工作人员可以熟悉应急预案的流程和操作步骤，提高应对紧急情况的能力。

在制定应急预案和进行演练的过程中，需要注重细节和实际情况。这需要具备丰富的经验和专业知识，以便能够准确地评估风险、制定有效的应对措施以及进行正确的操作；此外，还需要与相关合作伙伴紧密合作，共同制订和执行应急计划，以确保在紧急情况下，能够迅速响应并最大限度地减少损失。针对可能出现的突发事件，制定应急预案并定期进行演练，这是保障企业安全、稳定运营的重要措施。在制定应急预案时，需要全面考虑各种可能出现的突发事件，并根据实际情况进行相应的调整和修改，确保预案的针对性和实用性；同时，还需要定期进行演练，模拟可能出现的突发事件，检验应急预案的可行性和有效性，提高应急响应的速度和效率。在演练过程中，需要注重细节和流程的把控，尽可能模拟真实场景，让参与人员感受到紧张和压力，从而更好地检验应急预案的可行性和有效性；同时，还需要对演练过程中出现的问题和不足，进行总结和改进，不断完善应急预案和应急响应机制。除此之外，还需要加强对员工的培训和教育，提高员工的安全意识和应急能力。通过培训和教育，员工可以了解各种可能出现的突发事件及其应对措施，掌握基本的应急救援技能和方法，从而更好地应对可能出现的突发事件。

比如，博物馆内珍藏了无数宝贵的文物和艺术品，其历史和文化价值不可估量。一旦遭遇火灾，这些无价之宝将面临严重的威胁和损失。为了确保这些文物和艺术品的安然无恙，博物馆应当积极采取有效的预防措施来应对火灾风险。首先，博物馆可以安装自动灭火系统，及时发现并控制火势。这种系统通常由喷水装置、管道网络、控制面板等组成，能够在火灾初起时迅速启动，有效地扑灭火源，从而避免火势的进一步蔓延。其次，博物馆可以设置烟雾探测器来提前预警。这种装置能够敏锐地检测到火灾产生的烟雾和有害气体，及时发出警报，使博物馆工作人员能够迅速采取行动，遏制火势的扩散。最后，博物馆应配备高效的火灾报警设备。这种设备包括火灾警铃、应急广播等，能够在火灾发生时迅速启动，向游客和工作人员发出警告，以便大家能够迅速撤离现场，确保人身安全。这些措施能够大大降低火灾发生的可能性，减少无法估量的损失。

再比如，为了减少环境污染的影响，博物馆应该采取一系列的措施。首先，博物馆应该对空气质量进行监控，并安装空气净化器，以确保馆内空气中的污染物含量在安全范围内。其次，博物馆应该对温湿度进行控制，保持恒定的温度和湿度，以防止文物和艺术品由于环境变化而受到损害。此外，博物馆还应该定期进行维护和清洁工作，以确保文物和艺术品的保存环境始终保持最佳状态。通过采取这些措施，博物馆可以有效地减少环境污染对文物和艺术品的影响，保护这些珍贵的文化遗产，让后人也能欣赏到它们的价值和美丽。

6. 加强与公众的沟通与互动

通过各种渠道，包括社交媒体、电视节目、广播、报纸杂志等多种方式，博物馆宣传文物保护知识，以增加公众对文物的保护意识和重视程度。这些宣传博物馆内容，包括文物的历史背景、价值意义、保护方法以及与文物相关的文化传承等。通过深入浅出的讲解，让公众了解文物的重要性和保护价值，从而增强公众的文物保护意识。同时，也可以通过组织各种文物展览、讲座、文化活动等方式，让公众更加直观地了解文物，从而对文物产生更多的关注和重视。这些举措有助于保护文化遗产，传承人类文明。

为了进一步增强公众对文物的保护意识和重视程度，也可以通过各种渠道进行宣传。首先，可以在博物馆、图书馆、学校等场所，开展文物知识讲座，向公众介绍文物的历史、价值和保护方法。其次，还可以通过社交媒体、网络平台等渠道，发布文物知识文章、图片和视频，吸引更多人了解和关注文物。再次，还可以开展一些互动活动，如文物修复体验、文物摄影比赛等，让公众亲身感受文物的价值和魅力，增强公众对文物的保护意识，树立其责任感。最后，还可以通过志愿者招募、培训和组织活动等方式，引导公众参与文物保护工作，提高公众的参与度，强化其自身的保护意识。通过这些措施，可以让更多的人了解和关注文物，通过公众的参与和支持，博物馆可以更好地开展文物保护工作，让这些珍贵的文化遗产得以传承和发扬光大。

7. 创新科技应用

引入新兴科技手段，不仅可以实现对文物的实时监控和预防性保护，还可以提高文物的保护效果和延长文物的使用寿命。同时，这些科技手段还可以为文物的保护和研究提供更加全面和准确的信息，为文物的研究和传承提供更加可靠的保障。积极引入新兴科技手段，如物联网、大数据等，实现对文物的实时监控和预防性保护。安装传感器和监控系统，可以实时获取文物的温度、湿度、光照等环境数据，以及文物保存状况的信息，为预防性保护提供科学依据。同时，利用大数据技术对收集到的数据进行处理和分析，可以揭示文物保存的规律和趋势，为文物的预防性保护提供更加精准的指导。

在实施中，需要加强与高校、研究机构等的合作，共同推进文物的数字化保护和智能化管理；同时，还需要加强对相关技术的研究和应用，不断提高文物的保护水平和管理效率。只有这样，才能更好地保护和传承中华民族的优秀文化遗产，为中华文化的传承和发展做出更大的贡献。

8. 强化国际合作

加强与世界各地博物馆及文物保护机构的交流与合作，可以实现共享资源与经验，共同应对跨国文物犯罪问题。通过相互合作，可以相互学习，共同提高，为保护世界文化遗产做出更大的贡献。同时，这种合作也可以加强国家间的友谊与合作，促进文化交流，让世界更加了解不同国家和地区的历史文化。

首先，可以定期举办国际文物保护论坛，邀请全球各地的博物馆和文物保护机构代表参加，共同探讨文物保护的最新技术和方法，分享跨国文物犯罪的案例和应对措施。这样可以加强各国之间的了解和沟通，促进信息共享和经验交流。其次，建议成立跨国文物保护联盟，通过联合各国博物馆和文物保护机构的力量，共同打击跨国文物犯罪行为。联盟可以制订相应的行动计划和策略，加强信息共享和协作，形成合力，提高跨国文物犯罪的打击力度。此外，建议各国博物馆和文物保护机构之间，建立长期稳定的合作关系，通过互访、学习、培训等方式，加强人员之间的交流与合作。这样可以帮助各国在文物保护领域相互学习和借鉴，提高全球文物保护的整体水平。最后，要重点呼吁各国政府和社会各界，共同关注跨国文物犯罪问题，加强法律法规的制定和执行力度，加大对文物犯罪行为的打击和惩处力度。只有全社会共同努力，才能切实保护好人类宝贵的文化遗产。

9.注重科研与实践相结合

鼓励科研机构与博物馆合作开展文物保护研究，将科研成果转化为实际应用，提高文物保护的科学性和有效性。科研机构和博物馆之间的合作，可以促进跨学科的交流和合作，将最新的科技成果和保护理念，合理应用于文物保护领域。通过合作，科研机构可以提供先进的检测技术和分析方法，帮助博物馆更加深入地了解文物的材质、结构、保存状况等方面的情况，为保护方案的制订提供科学依据。同时，博物馆可以为科研机构提供丰富的文物资源和实践机会，帮助研究人员更好地理解文物的历史和文化背景，以及保护工作的重要性和紧迫性。这种合作还可以促进科研成果的转化和应用，将实验室中的研究成果应用于实际保护工作中，提高文物保护的科学性和有效性。

这种合作可以更好地保护和传承历史文化遗产，让更多的人了解和欣赏这些文化遗产。同时，这也有助于推动学科交叉和科技创新，促进社会文化的发展和进步，鼓励科研机构与博物馆合作开展文物保护研究，将科研成果转化为实际应用，提高文物保护的科学性和有效性。这种合作不仅可以促进文化遗产的保护，还可以推动科学技术的发展和应用。科研机构和博物馆的合作可以采取多种形式。例如，科研机构可以派遣专业的技术人员，到博物馆进行实地考察和研究，与博物馆的文物修复专家共同开展保护工作；博物馆也可以邀请科研机构的专家，进行知识讲座或培训，提高博物馆工作人员的业务水平。在合作过程中，双方可以共同开展研究项目，利用各自的优势资源，相互配合，相互支持。例如，科研机构可以利用先进的仪器设备和科学技术手段，对文物进行检测和分析，提供科学依据和解决方案；而博物馆则可以提供丰富的文物资源和实地操作经验，为研究提供实践机会和场景。

通过这种合作，双方可以将科研成果转化为实际应用，提高文物保护的科学性和有效性。例如，科研机构可以通过研究文物的材质、工艺和历史背景等方面，为博物馆提供保护方案和修复建议；博物馆则可以将这些方案和建议转化为实际操作，保护和修复文物，延长其使用寿命。

10. 建立健全的项目管理机制

在文物修复、展览等项目中，严格执行项目管理流程，确保项目的质量和安全。同时，引入第三方评估机制，对项目实施过程中的风险进行监督和评估。在文物修复和展览等项目中，要始终坚持对历史和文化的尊重，以及对质量和安全的严格要求。相关管理团队需要由经验丰富的专业人士组成。他们深知每一件文物所蕴含的独特价值，始终以高度的责任心和敬业精神认真对待每一个项目。在项目管理方面，不仅要注重计划的制订和进度的控制，更要注重项目实施过程中的细节和质量。只有通过精细化的操作和严格的品质控制，才能确保项目的成功和质量。为此，还需要采取全面的质量管理体系，从项目启动、设计、采购、施工到验收，每一个环节都严格执行相关标准和规范。同时，为了更好地保障项目的质量和安全，还可以引入第三方评估机制。这一机制的引入，不仅增加了项目管理的透明度，更有助于及时发现和解决潜在的风险。在项目实施过程中，第三方评估机构将对项目的各个环节进行监督和评估，确保项目的质量和安全。这种评估机制的实施，不仅提高了项目管理水平，也进一步保障了项目的质量和安全。在未来的工作中，需要继续秉持着对历史和文化的敬畏之心，以及对质量和安全的严谨态度，为更多的文物修复和展览项目提供优质的服务。只有通过不断的努力和追求，才能更好地传承和保护历史文化遗产。

11. 建立风险预警机制

通过对文物风险的持续监测和分析，及时发现并预警可能出现的风险。同时，针对预警的风险制定相应的应对措施。文物风险的监测和分析是一项至关重要的任务，不仅需要对文物深入了解，还需要对各种风险因素的敏锐洞察。只有持续监测和分析文物风险，才能及时发现并预警可能出现的风险，为采取有效的应对措施赢得宝贵的时间。在预警风险方面，可以借助先进的信息技术手段，如建立文物风险预警系统。这个系统可以通过对大量数据的收集、分析和比对，提早发现可能对文物造成威胁的风险因素。同时，还需要定期进行风险评估，以便更准确地判断文物的状况和可能面临的风险。

针对预警的风险，需要制定相应的应对措施。这些措施可能包括修复受损的文物、改善文物的保存环境、加强文物的安全保护等。在制定措施时，需要充分考虑文物的特性、价值以及所处的环境等因素，以确保采取的措施既科学又实用。此外，还需要重视与文物保护相关的法律法规的制定和执行。这些法律法规不仅可以保护文物的安全，也可以促进文物的合理利用和传承。通过监测分析、预警风险、制定应对措施以及加强法律法规的执行，能够更好地保护文物，让这些珍贵的文化遗产得以永久保存。

第四章　文物保护技术

第一节　文物的修复与保护

文物保护技术是至关重要的，是维护和修复文化遗产的不可或缺的手段。这些技术旨在保护人类文明的珍贵遗产，确保文物得以传承和弘扬，使后人能够了解和欣赏珍贵的历史文化。文物保护技术不仅有助于保护文化遗产，还能促进文化交流与传播，增进不同国家和地区之间的相互了解和沟通。通过这些技术，我们可以更好地保存和传承人类文明的精华，为后代留下宝贵的文化遗产。

一、文化遗产的保护

文物保护技术是保护文化遗产的关键手段。无论是古代的建筑、绘画、雕塑等物质文化遗产，还是非物质文化遗产，都需要借助文物保护技术进行保护和传承。通过有效的文物保护，可以防止文物损坏、腐蚀、变质等问题的发生，延长文物的寿命，使后代能够继承和欣赏到这些宝贵的文化遗产。文物保护不仅是对文物的保护，更是对历史文化的传承。每一件文物都承载着丰富的历史文化信息，是历史与现代之间的重要桥梁。文物保护技术通过对文物的修复、复制、保护性研究等手段，挖掘文物的历史文化价值，使人们能够更好地了解历史、感受历史，从而传承和弘扬历史文化。文物保护技术的运用，有助于促进不同地区、不同国家之间的文化交流与传播。当一件珍贵文物通过文物保护技术得到修复和保护后，便可以作为文化交流的使者，在国内外展览、研究、交流等活动中发挥重要作用。这不仅有助于增进人们对不同文化的了解和认识，还能促进文化多样性的传承与发展。文物保护技术的运用还可以推动经济发展。一方面，文物市场本身是一个庞大的产业链，文物保护技术的运用可以促进文物市场的繁荣；另一方面，文物保护技术的研发、培训、服务等环节，可以带动相关产业的发展，如科技、教育、旅游等。这些产业的发展将为社会创造更多的就业机会，促进经济的稳定发展。文物保护技术的运用，还可以满足人们的精神需求。随着社会经济的发展和人们生活水平的提高，人们对精神生活的需求也越来越高。文物保护技术的运用，可以使人们更好地欣赏和理解文物所蕴含的历史文化价值，从而满足人们的精神需求。同时，文物保护技术也可以为人们提供更多的文化活动选择，如参观博物馆、参加文物讲座等，丰富人们的精神生活。因此，文物保护技术的重要性不言而喻，是保护人类文化遗产的关键手段，是传承和弘扬历史文化的必要途径，是促进文化交流与传播的重要工具，是推动经济发展的重要力量，也是满足人们精神需求的重要途径。作为当代人，应该充分认识到文物保护技术的重要性，加强文物保护技术的研发和应用，有效地保护和传承人类文明。

二、文物的修复技术

随着时间的流逝，历史文物难免会受到各种形式的损害，或是岁月的侵蚀，或是人为的破坏。作为历史的见证者，这些文物代表着人们的过去，提醒人类的根和魂。然而，由于这些文物往往具有不可替代性，修复工作就变得异常困难。近年来，科技的进步为历史文物的修复提供了新的可能性。在科技手段进入文物保护领域之前，修复工作主要依赖传统的手工技艺和经验。然而，由于文物的复杂性和独特性，许多文物难以得到有效的修复。从二十世纪六七十年代开始，科技手段开始进入文物保护领域。例如，X射线、红外线、紫外线等非接触式检测技术的出现，为文物的修复提供了更为准确的数据。同时，计算机辅助设计（CAD）和逆向工程等技术的引入，也为文物的修复提供了新的方法。

文物修复技术是一门复杂的科学，涉及多学科的知识和技术，包括历史学、考古学、博物馆学、鉴定学、金石学、金属工艺学、化学、美术鉴赏学等。在实用技术方面，既涉及传统的钣金、铸造、镏金、油漆、陶瓷、造纸、电焊、石刻、色彩等传统技术，也应用了现代技术，如3D打印和人工智能等。对于木构建筑物的修复，整体歪闪经打牮拨正后，再做加固处理；对于构件局部残损的情况，应进行剔补或墩接；对于大构件糟朽中空的，可以用不饱和聚酯树脂等高分子材料灌注加固，糟朽严重的则需要按原制更换。对于砖石结构古建筑的修复，整体歪闪时，应先做定点、定期观测，经加固后稳定的，就不再做地基处理；对于裂缝可以采用加箍和灌浆的方法进行加固，砌体残缺可剔补，如无法剔补可局部或全部拆除并按原样重砌。对于石窟寺的山体裂隙，可以采用喷铆加固或灌浆加固，渗水漏水处要疏导、截流。对于石雕、石刻等石质文物的表面风化问题，可以使用有机硅类的高分子材料进行封护。在古建筑的修复中，应尽量做到能小修的不大修，能局部拆落的不全部拆落，尽量保留原构件，以保留古建筑的历史价值。对于古建筑中带有雕刻的瓦兽件、木雕、砖雕、石雕等艺术构件，要慎重处理，尽量做到不换或少换。对于塑像、壁画、彩画等附属艺术品，更不能随意修补。针对不同类型和材质的文物，需要采取相适应的文物修复方法和技巧，同时需要充分考虑保护和保存文物的历史价值和文化意义。

历史文物修复技术是一门错综复杂、精细深奥的技艺，其终极目标在于尽最大可能地保护和还原文物的原始状态。这不仅涉及对文物材质、工艺、历史背景的深入理解，还需要高超的工艺技巧和丰富的实践经验。修复人员需对文物进行全面细致的勘察，对损坏部分进行精密的修复，同时要确保不破坏文物的原始部分，力求使文物尽可能地恢复到其原始的状态。此外，技术人员还需要进行大量的研究工作，了解文物的历史背景、工艺特点等，为修复工作提供科学依据。因此，历史文物修复技术不仅仅是一门技艺，更是一种责任和使命，是对历史和文化的尊重和传承。以下是历史文物修复技术的一些具体步骤和方法。

1. 文物诊断和评估

首先，修复师需要对文物进行全面的诊断和评估，以确定文物的原始状态、材质、年代和修复的可能性。这涉及对文物的仔细观察、分析以及使用科学仪器（如显微镜、X 射线荧光光谱仪等）进行检测。在这个过程中，修复师需要具备丰富的专业知识和技能，以及对文物的深刻认识和保护意识。在进行诊断和评估时，修复师需要充分了解文物的历史、文化背景和价值，以便更好地理解其修复的必要性和重要性；同时还需要对文物的材质和年代进行科学分析，以确定其物理和化学性质，以及可能存在的缺陷和损伤。在确定文物的修复方案时，修复师需要考虑多种因素，如文物的类型、材质、年代和保存状态等；同时还需要根据实际情况，选择合适的修复技术和材料，以确保文物在修复后的质量和安全性。其次，在实施修复方案时，修复师需要具备精细的手艺和耐心，同时还需要对整个过程进行严格的监控和管理。这包括对文物的清洗、加固、修复和保护等环节，以确保文物的原始状态得到最大限度的保护和恢复。修复师是文物保护和传承的重要力量，修复师的工作涉及文物的诊断、评估、修复和保护等多个方面。在这个过程中，修复师需要具备专业的技能和知识，以及对文物的深刻认识和保护意识。只有这样，才能最大限度地保护和恢复文物的历史、文化和艺术价值。

2. 清洗

清洗是修复过程中的一个至关重要的步骤，其目的是彻底去除文物表面的各种污垢、锈蚀和附着物，以恢复其最初的外观和状态。这个过程对于文物的保护和保存具有至关重要的作用，因为这些附着物不仅会影响文物的外观和美感，还可能对文物造成进一步的腐蚀和破坏。修复师在进行清洗时，需要根据文物的不同材质和污垢类型，选择最合适的清洗方法。例如，对于一些容易受损的文物，如纺织品、纸张等，通常会选择较为温和的水洗方法；而对于金属、石材等较为坚硬的文物，则可能会采用酸洗或机械清洗的方法。在清洗过程中，修复师还需要注意保护文物的原始特征和结构，避免因为清洗而造成对文物的进一步损害。因此，修复师需要具备丰富的专业知识和技能，以及高度的责任心和耐心。清洗是文物修复过程中不可或缺的一环，不仅可以帮助文物恢复原有的外观和状态，还可以提高文物的保存价值和历史价值。

3. 修补

对于有缺失或损坏的文物，修复师需要使用适当的材料和方法进行修补。这可能包括使用填充物、黏合剂、复合材料等，以及采用传统的修补技术，如金缮、瓷器修补等。对于那些经历了岁月沧桑、遭受了各种自然或人为破坏的文物来说，修复师肩负着无比艰巨的任务。修复师需要以极大的耐心和专业知识，使用适当的材料和方法，对这些历史的瑰宝进行修补。这些文物是人类的宝贵历史遗产，每一件都蕴含着丰富的文化底蕴和艺术价值。为了使这些文物恢复原状或得到更好的保护，修复师常常需要借助一些现代科技手段。例如，修复师可能会使用高精度的扫描仪和显微镜，观察文物的微观结构和损伤情况；利用化学试剂和物理技术对文物进行无损检测和分析；甚至使用先进的 3D 打印技术来复制文物的某些部分，以弥补缺失或损坏的部分。在这个过程中，修复师需要具备深厚的艺术修养和专业知识，不仅需要了解文物的原始用途、制作工艺和历史背景，还需要掌握各种材料和技术的特性以及使用方法。只有这样，才能根据不同文物的特点，选择最合适的修复方法。例如，对于一些陶瓷类文物，修复师可能会采用金缮、瓷器修补等传统技术，需要使用黏合剂、填充物等材料，及时修复陶瓷的裂痕和缺口。又如，对于一些金属类文物，可能会使用复合材料进行加固或修补。文物修复是一项需要高度专业技能和艺术修养的工作，而修复师的辛勤工作和专业知识，使得这些珍贵的文物得以保存下来，并让更多的人能够欣赏到它们所蕴含的美丽和历史价值。因此，修复师是历史文物的守护者。

4. 保护

为了确保文物的长久保存和价值传承，修复师采取了各种精心设计的保护措施，不仅要关注文物的表面修复，还注重采取有效的手段防止文物在未来受到任何形式的损害或老化。在实施保护措施之前，修复师会进行全面的评估，了解文物的历史、材质、保存状态以及可能面临的风险。根据这些信息，修复师制订出个性化的修复方案，旨在针对性地解决文物的实际问题，同时确保不会对文物造成进一步的损害。保护措施多种多样，根据文物的不同情况和需要，可能会采取不同的方法。这可能包括涂覆保护层，以增强文物的耐久性和抗老化能力；安装保护罩，以防止文物受到外界环境的影响和损害；改善储存环境，以确保文物在一个稳定、适宜的环境中得到保存。此外，修复师还注重与历史学家、考古学家等专业人士的合作，共同研究文物的修复和保护问题。修复师不仅要关注文物的当前状态，还要着眼于未来的保存和传承，致力于为后代留下宝贵的文化遗产。因此，为了防止文物再次受损或老化，修复师付出了巨大的努力和智慧，采取了各种适当的保护措施。这些措施不仅有助于确保文物的长久保存，也为人类的文化遗产传承奠定了坚实的基础。除此之外，修复师还会定期进行文物检查，以确保文物状态良好。修复师仔细观察文物的外观、颜色、质地等方面，并使用专业仪器对文物进行检测；如果发现文物有任何异常，需要立即采取必要的修复措施，以保护文物的安全。修复师还会与博物馆工作人员密切合作，以确保文物的安全和保护，通过分享自身的专业知识和经验，共同制订最佳的文物保护方案。此外，修复师还会参与展览策划和文物运输等工作，以确保文物在展览和运输过程中得到最好的保护。修复师是文物保护的重要力量，通过采取各种措施，确保文物得到最好的保护，以防止文物再次受损或老化。

5. 复原

对于那些无法完全修复的文物，修复师可能会尝试进行复原。这意味着在保持文物原始特征的基础上，根据历史资料和修复师的推断，尽可能地恢复文物的原貌。在这个过程中，修复师需要展现出自己对历史和文物的深刻理解，以及高超的技艺和丰富的经验；需要仔细研究文物的历史背景、材质、工艺等信息，结合现代科技手段，对文物进行细致入微的观察和推理。同时，修复师还需要具备一种敏锐的直觉和艺术鉴赏能力，以便在复原过程中保持文物的历史特征和艺术价值。修复师需要凭借专业的知识、技艺和判断力，去推测并还原文物原本的形态和质感。因此，复原不仅是一种技术活，更是一种艺术创作。它需要修复师具备深厚的专业知识、丰富的实践经验，以及独特的审美眼光和创造性的思维。通过修复师的巧手和智慧，那些看似无法修复的文物也能重新焕发出历史的光彩，为后人留下宝贵的文化遗产。

6. 记录和存档

在整个修复过程中，修复师会记录每个步骤和使用的技术，并建立详细的档案。除了以上提到的具体技术，文物修复还需要遵循一系列严格的原则和道德规范，以确保文物的真实性和完整性得到最大限度的保护。这些原则包括最小干预原则、可逆性原则、可识别性原则等。此外，修复师还需要接受严格的培训和教育，具备丰富的历史知识和专业技能，以确保在修复过程中，能够做出正确的判断和决策。在文物修复过程中，修复师不仅要关注文物的外观，还要关注其内在的质量和稳定性。为了确保文物的安全和持久性，修复师需要深入了解各种材料和技术的特性，并根据具体情况选择最合适的修复方法和技术。在建立详细档案的过程中，修复师会记录每个步骤和使用的技术，包括所使用的材料、工艺、工具等。这些信息对于未来对文物的进一步研究、保护和修复工作具有重要的参考价值。通过这些档案，研究人员可以更好地了解文物的历史、文化和艺术价值，为保护和传承这些宝贵的文化遗产，提供更加科学的依据。除了记录和建立档案，修复师还需要与历史学家、考古学家、艺术家等专家进行密切合作，共同研究和理解文物的历史背景和文化内涵。这种跨学科的合作，有助于加深对文物价值的认识，为修复工作提供更加准确和全面的指导。

在整个修复过程中，修复师还需要关注文物的可逆性和可识别性。这意味着在修复过程中，所采取的任何措施都应该是可逆转的，以便在未来对文物进行进一步的保护或修复时，能够轻松地去除这些措施。同时，为了确保文物的真实性和完整性得到最大限度的保护，修复师需要采取各种措施，确保所使用的材料和工艺与原始文物相匹配，并且不会对文物造成损害或改变其历史价值。文物修复是一项复杂而精细的工作，需要具备丰富的历史知识和专业技能。通过遵循严格的原则和道德规范，以及与跨学科的专家进行合作，修复师可以最大限度地保护和传承这些宝贵的文化遗产，为后人留下宝贵的历史见证。

7. 交叉学科合作

文物修复不仅需要传统的技艺，还需要与多个交叉学科进行合作，例如历史学、考古学、化学、材料科学等。通过与这些学科的专家合作，修复师可以更好地理解文物的历史背景、材质特性以及潜在的修复方法。在具体操作过程中，修复师需要结合文物的实际情况，灵活运用各种传统技艺和现代科技手段。例如，对于金属类文物，可以采用焊接、锻造、电镀等技术进行修复；对于陶瓷类文物，可以采用黏合、修补、加固等技术进行修复；对于纸质文物，可以采用修复纸张、加固字迹等技术进行修复。同时，修复师还需要对文物的历史背景、文化内涵等进行深入研究。这需要与历史学家、考古学家等专家进行密切合作，了解文物的原始状态、历史演变以及文化价值。通过这些研究，修复师可以更加准确地确定文物的修复方案和措施，确保修复后的文物能够最大限度地还原其历史风貌和文化价值。

除了技艺和学科合作外，文物修复还需要遵守一系列严格的规定和标准。例如，修复过程中必须遵守文物保护法规，确保文物不受损坏或污染；同时还要遵循国际公认的文物修复标准，确保修复后的文物能够得到国际认可和保护。这些规定和标准不仅要求修复师具备高度的专业素养和技能水平，还需要具备高度的责任心和使命感。历史文物修复是一项高度综合性、专业性和技术性的工作，不仅需要传统技艺和现代科技手段的结合，还需要多学科交叉合作以及严格的规定和标准的遵守。只有通过不断学习和实践，修复师才能不断提高自己的专业素养和技能水平，为文物保护事业做出更大的贡献。

8. 预防性维护和监测

为了确保珍贵文物的长期保存，修复师不仅需要具备高超的修复技巧，还需要制订一套详尽的预防性维护和监测计划。这个计划应包括定期检查文物的状态，如外观、结构、材料等各个方面，以及分析环境因素如温度、湿度、光照等对文物的影响。通过这种方式，修复师可以及时发现文物的微小变化，减少文物的进一步损坏。预防性维护和监测计划的制订，是基于对文物深入的了解和研究。修复师需要具备丰富的专业知识和经验，以便能够准确地评估文物的状况和风险因素。同时，修复师还需要与相关领域的专家紧密合作，共同制订出最合适的保护方案。除了定期检查，修复师还需要使用各种先进的监测设备和技术，实时监测文物的状态。这些设备可以提供关于文物变化的数据和信息，帮助修复师更好地了解文物的状况和变化趋势。同时，这些数据还可以用于评估保护措施的有效性，为进一步优化保护方案提供依据。预防性维护和监测计划的实施，需要持续的资金和人力投入。政府、博物馆、基金会等机构，需要提供必要的支持和资助，以确保计划的顺利实施。同时，社会各界也应该加强对文物保护的关注和支持，提高公众对文物价值的认识和尊重。预防性维护和监测计划的制订和实施，可以说是确保珍贵文物长期保存的关键环节。通过科学合理的保护措施，我们可以更好地传承和发扬人类的文化遗产，让后人也能欣赏到这些独特的艺术瑰宝。

9. 教育和发展

历史文物修复技术是一门涵盖多个领域知识和技能的复杂技艺。通过科学的方法和专业的技术，修复师可以最大限度地保护和恢复文物的原始状态，为后人留下宝贵的历史遗产。当然，历史文物修复技术需要不断地发展和传承。因此，修复师还需要参与教育和发展工作，培训新的修复人员，推广修复技术和方法的新发展。除了参与教育和发展工作，修复师还需要积极与各领域的专家合作，共同开展研究和探索新的修复技术和方法。随着科技的不断进步，修复师也需要不断学习和掌握新的技术，以更好地保护和修复文物。为了更好地传承和发展历史文物修复技术，修复师还需要积极参与国际交流与合作，分享经验和成果，推动全球历史文物保护事业的发展。通过不断学习和探索，我们相信历史文物修复技术将会不断发展完善，为后人留下更多的历史瑰宝。

三、科技在历史文物修复中的应用

1. 数字图像处理和三维信息处理

随着科技的不断发展，数字图像处理和三维信息处理技术在许多领域都得到了广泛的应用。尤其在历史文物修复领域，这两种技术为保护和恢复珍贵的历史文物提供了强大的支持。数字图像处理是一种利用计算机技术对图像进行分析、修改和识别的技术。在文物修复中，它主要用于文物的数字档案建立、图像清晰度提升、色彩恢复以及破损部分的识别和修复。比如，利用高分辨率相机或扫描仪，将文物转化为数字化图像，建立起文物的数字档案。这样可以在不损害文物本身的情况下，进行多次查阅和研究；通过特定的算法和技术，可以提高数字化图像的清晰度，帮助修复者更准确地识别文物的细节和破损部分；通过对图像的色彩空间进行转换和调整，可以恢复文物原本的色彩，为修复者提供更准确的修复依据；通过图像处理技术，可以识别出文物破损的部分，如裂缝、缺失等，并为其制订合适的修复方案。

三维信息处理在文物修复中的应用也很广泛，三维信息处理技术可以获取并处理文物的三维结构信息，为修复者提供更直观、全面的参考。其主要应用于以下几个方面：在文物形状恢复方面，通过获取文物的三维数据，可以重建出文物的原始形状，对缺失或损坏的部分进行复原；在内部结构分析方面，对于一些内部结构复杂的文物，如陶瓷、玻璃等，通过三维信息处理技术可以清晰地展示其内部结构，为修复者提供参考；在虚拟修复实验方面，利用三维模型，可以进行虚拟修复实验，模拟出不同的修复效果，为实际修复提供更多的参考；在保护策略制定方面，通过对文物的三维信息进行分析，可以为其制定更合适的保护策略，如存储环境、展示方式等。

秦始皇陵兵马俑是中国重要的历史文化遗产，然而在长时间的埋藏中，许多兵马俑出现了破损和颜色模糊的情况。近年来，数字图像处理和三维信息处理技术被引入到了兵马俑的修复工作中。首先，通过高分辨率相机和扫描设备，兵马俑的三维数字化模型被建立起来。这包括了每一个兵马俑的形状、大小、颜色等细节信息。然后，通过数字图像处理技术，对兵马俑的图像进行了清晰度和色彩的提升，恢复了兵马俑原本的样貌。通过三维信息处理技术，研究人员发现了许多肉眼难以察觉的细微损伤，如一些陶片的裂缝和缺失部分。这些信息为兵马俑的修复提供了重要的参考。根据这些信息，专家们制订了详细的修复方案。数字图像处理和三维信息处理技术，也为秦始皇陵兵马俑的修复工作提供了重要的技术支持，不仅帮助建立了兵马俑的数字档案，还提高了修复工作的准确性和效率。这种技术的应用也为人们提供了更多的可能性，为其他文物的保护和修复工作提供了更多新的思路和方法。通过这些技术，修复师可以获取文物的详细数据，包括形状、颜色、纹理等。这不仅可以帮助他们更好地理解文物的原始状态，也可以在修复过程中提供重要的参考。

2. 虚拟现实和计算可视化

这些先进的技术可以逼真地模拟文物的原貌，细致入微地呈现文物的每一个细节，帮助修复师在修复前进行更为精准的预览和规划。同时，通过计算可视化技术，公众可以在博物馆中，通过虚拟现实设备进行沉浸式的体验，观察和了解文物的修复过程，感受文物修复的精湛技艺和严谨过程。这种技术的运用，不仅可以让公众更深入地了解文物的历史和文化价值，还可以提升公众对文物修复工作的关注度和参与度。此外，这些技术还可以帮助研究人员对文物进行更深入的研究。通过数字化技术，研究人员可以测量和分析文物的各种特征，例如形状、颜色和材质等。这有助于研究人员了解文物的制作工艺和历史背景，从而为保护和研究工作提供更多有价值的信息。通过使用人工智能技术，研究人员还可以识别和分析文物上的文字和图案。这有助于了解文物的历史和文化背景，以及推断出文物的原始用途和功能。这些信息对于保护和研究工作至关重要，因为可以帮助人们更好地理解文物的价值和意义。这些技术不仅可以提高修复师的工作效率和质量，还可以帮助公众更深入地了解文物的历史和文化背景。在未来，随着技术的不断发展和应用，这些技术将会在文物保护工作中，发挥越来越重要的作用。

3. 3D 打印技术

3D 打印技术是一种基于数字模型文件的快速成型技术，通过逐层堆叠材料来制造三维物体。3D 打印技术的核心原理是"分层制造"，通过将物体分成一层一层的薄片，然后逐层堆叠材料来制造三维物体。在制造过程中，数字模型文件被转换为一系列的薄片，每个薄片都由打印机喷嘴喷射出液体、粉末、丝状等材料制成。当所有的薄片都被打印出来后，会被按照顺序叠加在一起，最终形成完整的三维物体。3D 打印技术具有很多的应用优势，比如制造灵活性、减少废料、提高生产效率、降低成本、创新设计等。3D 打印技术可以制造出形状复杂的物体，这是传统制造方法无法实现的。同时，由于制造过程中无需模具或工具，因此可以快速制造出各种形状的物体。传统的制造方法往往会产生大量的废料，而 3D 打印技术可以将材料直接打印成所需的形状，从而减少废料的产生。3D 打印技术还可以实现批量生产，同时可以减少生产过程中的环节，提高生产效率。由于 3D 打印技术可以减少材料浪费和生产环节，因此可以降低生产成本。3D 打印技术还可以促进创新设计的发展，因为它可以快速制造出各种形状的物体，从而为设计师提供更多的选择和可能性。

3D 打印技术在文物保护中扮演着重要的角色，可以帮助复原并保存历史文化，提升博物馆的感知体验，并记录文物曾经遭受的破坏，有效避免了人类历史记忆被抹杀。首先，3D 打印技术可以帮助复原文物。对于一些已经破损或者残缺的文物，通过 3D 扫描和打印技术，可以完整地复制其原始形态，使人们能够欣赏到这些文物的原貌。这种技术在文物保护领域的应用，极大地提升了文物的保护和修复工作的效率和质量。其次，3D 打印技术也可以用于制作文物的复制品，这对于一些独一无二的文物来说尤其重要，因为有些文物可能太珍贵或太易碎，无法频繁地展示或运输。通过 3D 打印技术，可以制作出几乎与原件完全相同的复制品，使人们能够在不损害原件的情况下，欣赏到这些文物的魅力。此外，3D 打印技术还可以提升博物馆的感知体验。通过将 3D 打印的文物模型与虚拟现实技术相结合，观众可以更深入地了解文物的历史背景和制作过程。这种交互式的体验方式，使得观众能够更加积极地参与到文物保护中来，增强对文物的认识和尊重。最后，3D 打印技术还可以记录文物曾经遭受的破坏。在一些情况下，文物可能会因为战争、自然灾害或其他原因而遭受破坏，通过 3D 扫描和打印技术，可以记录下这些文物的原始状态，以及遭受破坏的过程。这对于研究文物的历史和保护工作来说，是非常宝贵的资料。

3D 打印技术是一种强大的工具，可以在不损伤文物的情况下，生成一个精确的复制品。这对于那些破损严重或难以修复的文物来说，无疑提供了一种可行的替代方案。通过 3D 打印技术，文物可以被复制并用于研究或展示，使得更多的人能够欣赏到这些宝贵的文化遗产。

3D 打印技术还可以用于修复文物。在一些情况下，如果文物破损严重，传统修复方法可能会对文物造成更多的损害，而 3D 打印技术可以在不接触文物的情况下进行修复。它通过生成一个与文物完全相同的复制品，然后对复制品进行修复，最后将修复后的复制品与原件进行比较，以评估修复的效果。

科技的发展为历史文物修复带来了革命性的变化。通过数字图像处理、三维信息处理、虚拟现实和计算可视化等技术，人们不仅可以更好地了解和保存文物，也可以更有效地进行修复工作。然而，科技修复并不是万能的，也需要专业人员的指导和监督。因此，科技和传统技艺的结合，将是未来文物修复的主要趋势。随着科技的不断发展，未来将有更多创新的技术应用于文物的修复。例如，增材制造、纳米技术、生物技术等新兴技术，有望在文物修复中发挥重要作用。同时，需要培养更多的专业人才，将科技与传统技艺相结合，以应对日益严重的文物破坏问题。此外，还需要进一步加强公众对文物保护的认识和重视。通过教育和宣传活动，让更多的人了解文物保护的重要性，理解并尊重历史文化遗产。科技的发展为历史文物修复带来了巨大的机遇和挑战。只有通过不断创新和努力，我们才能更好地保护和传承这些珍贵的文化遗产，让历史得以永存。

第二节　环境控制与保存条件

一、环境控制

博物馆文物保护的关键环节之一，就是对文物存放环境的严格控制。这是因为文物的保存环境直接影响到文物的质量、安全以及寿命。博物馆是文化遗产保护和展示的重要场所，其中收藏和展示着大量的文物，这些文物是历史、艺术、科学等价值的载体，是人类智慧和文明的结晶。然而，这些文物的价值并非永恒不变，其价值会受到多种因素的影响，其中最为关键的就是文物保护环境。因此，对于博物馆而言，控制好文物保护环境至关重要。首先，文物保护环境直接关系到文物的寿命和保存状况。不同类型的文物，对于保存环境的要求各不相同，如书画类文物需要避免光线、湿度、温度等因素的影响，青铜器类文物则需要避免氧化、腐蚀等因素的影响。如果文物保护环境不当，会导致文物加速老化、损坏，甚至失去原有价值。因此，博物馆需要通过科学的环境控制措施，为文物提供适宜的保存环境，以延长其寿命和保持其原有价值。其次，文物保护环境是满足观众参观需求的基本保障。博物馆的观众是文物的观赏者，对文物的欣赏和学习，需要建立在良好的文物保护环境基础上。如果博物馆不能有效地控制文物保护环境，就会导致文物状态恶化，甚至失去原有价值，这样观众就难以获得最佳的观赏体验。因此，博物馆需要重视文物保护环境控制，为观众提供更加优质的参观服务。再次，文物保护环境是实现文物国际交流与合作的基础。随着全球化的不断发展，国家间的文物交流与合作变得越来越频繁。要想让国外的观众更好地了解中国的历史文化，就需要国内的博物馆加强与国外博物馆的合作与交流。要想让国外博物馆认可并重视中国的文物，国内的博物馆需要重视并做好文物保护工作。因此，对于博物馆而言，加强文物保护环境控制，不仅是为了保护文物，更是为了实现文物的国际友好合作。最后，文物保护环境是衡量一个国家文化软实力的重要指标之一。文化软实力是一个国家综合实力的重要组成部分，而文化遗产的保护和传承是文化软实力的重要体现之一。博物馆作为文化遗产保护和展示的重要机构，其文物保护环境会直接关系到国家的文化形象和文化软实力。因此，对于博物馆而言，加强文物保护环境控制不仅是责任和义务，更是提升国家文化软实力的重要途径。博物馆文物保护环境控制的重要性是非常明显的，为了更好地保护文物，博物馆需要采取科学的环境控制措施；为了提供更加优质的参观服务，博物馆需要重视观众的需求；为了实现文物的国际交流与合作，博物馆需要加强与国外博物馆的合作与交流；为了提升国家的文化软实力，博物馆需要加强文物保护环境控制并提升国家的文化形象。只有这样，才能够更好地保护和传承文化遗产，为人类文明的发展做出更大的贡献。

文物是历史的见证，每一个文物都蕴含着独特的历史信息和文化价值。因此，文物的保存环境需要得到精心维护，以确保这些无价的文化遗产能够永久保存下来。环境控制的目的主要是防止文物的物理、化学和生物变质，以及避免文物受到机械损伤或盗窃等威胁。环境控制的要素包括温度和湿度。温度和湿度的波动，可以导致文物的劣化，甚至破坏这些珍贵的文化遗产。因此，博物馆需要采取措施来维持一个恒定的温度和湿度环境，以减少这些因素对文物的影响。通过维持稳定的温度和湿度，博物馆可以保护文物免受环境因素的损害，延长其保存寿命。一般来说，理想的温度应保持在

20—25℃，这个范围内的温度可以减少文物受热膨胀或冷缩的影响，防止文物变形或破裂。同时，湿度应保持在50%—60%，这个范围内的湿度，可以避免文物过于干燥或潮湿，防止文物出现裂纹、褪色、霉变等问题。此外，对于文物的保存环境，还需要注意以下几点：首先，要避免文物暴露在阳光、灯光等强烈光源下，以免对文物造成损害；其次，要保持环境的清洁卫生，定期进行清洁消毒，以免文物受到污染；最后，对于一些易受损的文物，如织物、纸张等，需要进行特殊的保护处理，如加装保护罩、避免触摸等。在保护文物的过程中，还需要注意文物的安全问题。例如，要防止文物被盗窃、破坏等行为，同时也要避免文物因保管不当而损失。因此，对于文物的保护和管理，需要采取严格的措施和制度，确保文物的安全和完整。对于文物的保护和管理，需要多方面的考虑和努力。只有在全面了解文物的特性和保护要求的基础上，才能更好地保护和管理文物，让这些珍贵的文化遗产得以传承和发扬。通过维持恒定的温度和湿度环境，博物馆可以提供一个适宜的保存环境，使文物能够长期保存并展示给公众欣赏。这不仅有助于保护文物，还可以为研究人员提供更好的研究条件，为观众提供更丰富的文化体验。

光照也是文物保护的重点内容。过度的光照容易导致文物的褪色和脆化，因此，博物馆应该采取必要的预防措施，保护这些珍贵的文化遗产。其中，减少光照是一个非常重要的环节。为了有效地减少光照，博物馆可以采取一些切实可行的措施。例如，使用低紫外线照明设备，这种设备可以减少对文物造成褪色和脆化的有害光线；还可以安装遮光窗帘，这种窗帘可以有效地阻挡外界光线的进入，从而进一步保护文物。这些措施的实施，不仅能够有效地保护文物，还可以为参观者提供一个更加舒适和安全的参观环境。此外，博物馆还应该控制游客的数量，避免过度拥挤和喧哗，减少空气污染和湿度变化对文物的影响。为了保护文物，博物馆应该采取多种措施，确保文物的安全和长久保存。

在空气污染方面，空气中的污染物，如二氧化硫、氮氧化物、挥发性有机物等，可与文物表面的颜料、纤维等成分发生化学反应，导致文物的腐蚀和破坏。这些污染物不仅来自室外环境，也可能来自博物馆内部的空调系统、照明设备等。因此，为了保护珍贵的文物，博物馆应当采取一系列措施来减少空气污染。其中一种有效的方法是安装空气净化器，这种设备可以过滤掉空气中的污染物，保持博物馆内部的空气清新和安全。此外，博物馆还可以通过加强室内空气流通、控制参观人数、定期清洁展品等方式来减少空气污染对文物的影响。博物馆也可以在文物周围使用防护罩或防护玻璃，以防止污染物对文物造成损害。博物馆还可以采取其他措施，预防空气污染对文物的损害。例如，可以加强对文物库房的管理，严格控制库房内的空气质量和湿度，以确保文物在安全的环境中保存。同时，博物馆还可以定期对文物进行检测和维护，以确保文物的状态良好。

虫害和霉菌的防治在文物保护中具有极其重要的地位。这些生物因素不仅可能对文物造成直接的破坏，而且还会加速文物的老化，严重威胁到文物的保存。为了确保文物的安全，博物馆应当采取有效的措施，积极防止虫害和霉菌的生长。例如，使用专业的防虫剂和除湿机等设备，可以有效地抑制虫害和霉菌的生长，为文物的保护提供有力的保障。对于任何一个博物馆来说，积极开展虫害和霉菌的防治工作，都是必不可少的举措。除此之外，博物馆还需要定期进行清洁和消毒工作，以确保文物保持清洁和安全。在清洁文物时，应该使用适当的清洁剂和工具，避免对文物造成损害。同时，博物馆应该定期检查文物的保存条件，确保温度、湿度和光照等环境因素适宜，以防止文物的损坏和变质。

博物馆还需要考虑安全因素，如防火、防盗等。这些因素可以通过安装安全系统、使用防火材料等措施来实现。博物馆还需要考虑参观者的安全，确保他们在参观过程中，不会受到任何伤害。为此，博物馆需要采取一系列措施，如设置安全警示标识、定期检查展品安全、提供紧急救援服务等。同时，博物馆还需要对员工进行安全培训，提高人员的安全意识，提高人员的应急处理能力，确保在紧急情况下能够迅速采取正确的措施。为了更好地保障安全，博物馆还需要与相关机构合作，如消防局、公安局等。这些机构可以提供专业的技术支持和指导，帮助博物馆更好地应对各种安全问题。同时，博物馆还可以通过与这些机构合作，建立完善的安全预警机制和应急预案，确保在发生安全问题时，能够迅速响应并采取有效的措施。博物馆作为公共文化场所，其安全问题需要得到充分的重视和关注。通过采取一系列措施，包括安装安全系统、使用防火材料、设置安全警示标识等，以及与相关机构合作，博物馆可以有效地保障自身及参观者的安全，为人们提供一个安全、舒适的参观环境。

二、保存条件的优化

博物馆，作为历史文化的守护者和传承者，是文物收藏和展示的重要场所。博物馆不仅为人们提供了了解和欣赏文物的机会，更在文物保护领域扮演着至关重要的角色。博物馆对于文物的保存和保护起到了决定性的作用，可以说，没有博物馆，许多珍贵的文物可能无法得以完好地保存下来。然而，文物的保存并非简单的放置和展示，其中涉及的因素和条件极为复杂，包括温度、湿度、光照、空气污染等。每一个因素都可能对文物造成不可逆的影响，使文物遭受损坏。因此，博物馆在文物保存方面需要精细的策划和管理，确保文物能够在最佳的环境中得到保护。同时，博物馆还需要在文物展示方面进行精心设计。这包括选择适当的展示方式、布局和灯光等，以最大限度地减少对文物的损害，并使参观者能够更好地欣赏和理解文物。博物馆的工作人员需要具备专业的知识和技能，以便对文物进行正确的处理和保护，同时也需要不断学习和更新知识，以应对不断变化的文物保护需求。博物馆在文物收藏和展示方面发挥着重要的作用，不仅需要具备专业的技术和设备，还需要拥有一支高素质的工作人员队伍。只有这样，才能确保文物得到最好的保护和展示，为人们带来更多的历史文化遗产的价值和意义。

1. 温度和湿度的控制

温度和湿度是影响文物保存的两个关键因素。在文物保存的温度和湿度方面，需要严格控制温湿度，为文物储存创造良好的条件。不适宜的温度和湿度可以导致文物的腐蚀、变质和损坏。一般来说，博物馆需要保持恒温恒湿的环境，以减少对文物的损害。然而，不同的文物需要不同的温度和湿度。因此，博物馆需要根据文物的不同类型和特点，制定相应的保存条件。以中国历史城市为例，一些历史城市为追求良好的农业生产条件，创造适宜的聚居生存环境，一直以来就有重视将自然环境与人文要素相融合的传统。这些城市在选址、营建和城市文化等诸多方面，都烙上了鲜明的"气候"印记。因此，温度对这些城市的文物保护具有重要影响。以敦煌为例，敦煌研究院在长期研究基础上，建立了莫高窟风险监测预警体系。该体系通过布设各类传感器，实时采集温湿度等数据。当监测数据超过阈值时，系统就会向开放和管理决策部门工作人员发出预警。这是因为温度的升高会激发崖体和壁画中盐的活动，盐的溶解与结晶不断交替会导致疱疹、酥碱等危害的产生发展。湿度也对文物保护产生重要影响。湿度的升高会激发崖体和壁画中盐的活动，盐的溶解与结晶不断交替会导致疱疹、酥碱等危害的产生发展。例如，在敦煌莫高窟，湿度是影响壁画保存的重要因素之一。莫高窟内湿度一般情况下为20%—30%，一旦有人大量进入，如果遇到降雨天气，湿度快速上升，达到63%就会发出预警。因此，敦煌研究院与盖蒂保护研究所，经过十多年研究测算出来的科学结论是：影响壁画安全保存的重要的指标之一是湿度。

温度和湿度对文物保护具有重要影响。对于这些因素的控制和监测，有助于保护这些珍贵的文化遗产。

2. 文物保存的光照条件

文物，作为历史与文化的载体，对于人们了解过去的文明和事件，具有不可替代的价值。但随着时间的流逝，许多文物会因各种因素，如氧化、污染、光照等，发生不同程度的损坏。其中光照条件对文物的影响不容忽视。正确的光照条件可以保护和延长文物的寿命，而错误的光照则可能加速文物的破坏，而且过度的光照可以导致文物的褪色和脆化。因此，博物馆需要控制文物的光照条件，避免过度暴露在光线中，对于一些对光照敏感的文物，可以采用低照度的光线或者避免直接照射。

紫外线具有较高的能量，长时间暴露在紫外线下，文物的表面会受到损伤，如绘画的颜色褪色、金属氧化等。光照还会导致文物局部温度升高，湿度变化，这些环境因素会影响文物的稳定性，加速其老化。还有一些文物由对光敏感的材料制成，如胶片、照片等，这些文物在强光下会加速老化。为了保护文物，需要对光照条件进行严格控制。首先要进行滤光处理，对于展示在博物馆或图书馆等场所的文物，应使用滤光灯或特殊设计的 LED 灯，过滤掉大部分紫外线。其次是控制光源，尽量使用低色温、低辐射的光源，避免直接照射文物。确保文物的储存和展示环境，保持稳定的温度和湿度，防止因光照引起的温度升高和湿度变化。最后要进行避光保存，对于对光特别敏感的文物，应存放在黑暗的环境中，以减缓其老化。

以中国敦煌莫高窟的壁画为例。敦煌壁画因其精美的绘画技术、深厚的文化内涵而闻名于世。为了保护这些珍贵的壁画，敦煌研究院采用了多种措施，其中就包括严格的光照控制。在莫高窟，光照被视为壁画保护的头号敌人。为了确保壁画的色彩和细节不受光照的影响，敦煌研究院采取了以下措施：莫高窟的展示区域，都配备了特制的遮光窗帘，以阻挡外界光线的进入；在洞内展示区域，使用的是特殊设计的低色温照明，以减少对壁画的损害；每天的开放时间都有严格规定，避免长时间暴露在日光下；为了永久保存这些珍贵的壁画，敦煌研究院会定期使用高清相机拍摄壁画，以记录其当前的状态；对于游客，工作人员会加强对游客的教育指导，告知其不要使用闪光灯和手机的手电筒等光源直接照射壁画。通过这些措施，敦煌研究院成功地保护了这些千年壁画免受光照的损害。

光照条件对文物的保存具有重要影响。首先，为了确保文物的长久保存，需要深入了解光照对文物的作用机制，并采取有效的措施，对其进行控制和管理。其次，对于不同的文物类型和保存环境，还需要制订针对性的光照方案，以确保文物的完整性。

3. 文物保存的空气质量

空气质量也是文物保存的重要因素。空气中的污染物和有害物质，容易导致文物的腐蚀和损坏。因此，博物馆需要采取措施控制空气质量，例如使用空气净化器或者空调设备，以减少空气中的污染物和有害物质。文物保存的空气质量，对于文物的保护和保存具有重要意义。空气中的污染物质和不良环境因素，可能会对文物造成损害，因此文物保存的空气质量需要得到充分的关注和控制。首先，空气中的污染物质可能会对文物造成损害。例如，二氧化硫、氮氧化物、臭氧、挥发性有机化合物等污染物质，可能会对文物造成腐蚀、变色、变形等损害。此外，空气中的尘埃和微粒，也可能会附着在文物表面，对其造成污染和损害。因此，控制空气中的污染物质，是保护文物的重要措施之一。其次，空气中的温湿度、光照等环境因素，也可能会对文物造成影响。过高的温度和湿度可能会导致文物发霉、腐烂、变形等，过强的光照则可能会导致文物褪色、脆化等，因此需要将文物保存在适宜的环境中，以保持其稳定性和完整性。为了保护文物，需要采取一系列措施，合理控制空气质量和环境因素。例如，加强文物的日常保管和维护，定期进行空气检测和控制，采用适宜的防潮、防虫、防尘等措施等。此外，对于一些特别珍贵的文物，可以采用特殊的保护措施，如密封保存、使用特殊材料等进行保护。

下面举一个案例来说明文物保存的空气质量的重要性。位于北京的故宫博物院是中国著名的文化遗产之一，收藏了大量的珍贵文物。为了保护这些文物，故宫博物院采用了先进的空气净化技术和设备，对展厅和库房的空气进行净化处理；还采用了活性炭过滤器、紫外线杀菌灯等设备，去除空气中的污染物质和微生物；采用了智能化的控制系统，监测和控制空气中的温湿度、光照等环境因素。这些措施的实施，大大改善了文物的保存环境，有效避免了空气污染和环境因素对文物的损害，为文物的保护和保存提供了有力保障。

文物保存的空气质量，对于文物的保护和保存具有重要意义。为了确保文物的稳定性和完整性，需要采取一系列措施，严格控制空气质量和环境因素。同时，对于不同类型的文物，还需要根据其特点采用不同的保护措施和方法。希望未来人们能够更加深入地研究和探索这一问题，为文物的保护和保存，提供更加有效的解决方案。

4. 文物保存的包装和展示

文物具有历史、艺术、科学等价值，是中华民族宝贵的遗产。然而，由于各种原因，文物往往面临着包装和展示的难题。因此，文物的包装和展示，也是影响文物保存的重要因素。包装材料和展示方式的选择，可以直接影响到文物的保护和展示效果。博物馆需要选择合适的包装材料和展示方式，以保护文物并提高展示效果。

文物的包装是文物保护的重要环节，这一环节的重要性不言而喻。包装的主要目的是保护文物，防止文物在运输、存储、展示过程中受到损坏。例如，一些脆弱的老旧文物如果没有合适的包装，很可能会在运输过程中受到损害，甚至导致不可逆转的损失。因此，包装不仅要具备保护功能，还要尽可能地满足美观、大方、环保等要求。首先，对于保护功能来说，包装要能够为文物提供一个安全的屏障，防止外界环境对文物产生损害。这需要使用适当的材料和结构来设计包装，如使用泡沫垫、纸板等材料，制造出能够抵抗冲击和压力的包装结构。同时，包装的密封性也很重要，要能够有效地防止水分、尘土等物质进入包装内部，从而保护文物的安全。其次，对于美观、大方、环保等要求，包装要能够与文物的价值相符合，同时也要符合现代人的审美观念。这需要设计出简洁大方、具有美感的包装样式，同时要避免过度包装和浪费资源。一些可回收利用的材料和环保型材料，也可以被用于包装设计中，以减少对环境的影响。包装的设计和使用，要充分考虑到文物的价值和安全性，以及人们的审美观念和环保意识。

在选择包装材料时，应考虑材料的环保性、安全性、耐用性等因素。常用的包装材料包括：纸板、泡沫、塑料、丝绸等。其中，纸板具有良好的环保性和可回收性，是文物包装的常用材料之一。泡沫材料具有轻便、柔软、不易损坏等特点，适用于一些小型文物的包装。塑料材料具有防水、防潮、耐用等特点，但容易产生污染，应尽量减少使用。丝绸材料具有柔软、透气、美观等特点，适用于一些贵重文物的包装。包装设计方面，应考虑文物的特点、形状、大小等因素，以确保文物在包装过程中不会受到损坏。同时，设计还应注重美观、大方、环保等要求。例如，对于一些小型文物，可以采用集中包装的方式，将多个文物放在一个包装盒中，以减少空间占用和运输成本。对于一些贵重文物，可以采用独立包装的方式，每个文物都有独立的包装盒和泡沫垫等保护措施，以确保文物的安全性和稳定性。包装流程应遵循一定的顺序和步骤。首先，应对文物进行清洁和整理，以确保文物的安全性和稳定性。其次，应根据文物的形状、大小等因素，选择合适的包装材料和设计。最后，应进行包装操作，包括泡沫垫的填充、塑料薄膜的包裹、纸板盒的组装等步骤。在包装过程中，应注意保护文物的细节和脆弱部分，避免文物受到损坏。

文物的展示是让公众了解和欣赏文物价值的重要环节。展示应满足美观、大方、环保等要求，同时还应注重文物的保护和管理。在具体的文物展示过程中，应当注重展示环境、展示方式、保护和管理等方面，展示环境应满足温度、湿度、光照、空气质量等要求，以确保文物的安全性和稳定性。同时，展示环境还应注重美观、大方、环保等要求。例如，可以采用环保材料进行装饰和布置，如竹子、丝绸等；可以采用柔和的灯光和背景音乐来营造舒适的展示氛围。展示方式应根据文物的特点、形状、大小等因素进行选择，常用的展示方式包括：展台展示、展墙展示、展柜展示等。展台展示适用于一些大型文物的展示；展墙展示适用于一些轻便、小型的文物；展柜展示适用于一些贵重、小巧的文物。在选择展示方式时，应注意保护文物的安全性和稳定性。在文物展示过程中，应加强文物的保护和管理。例如，应定期检查文物的状态和安全情况；应定期清洁和维护文物；应采取措施防止文物被盗或损坏等。同时，还应加强观众的管理和教育，引导观众文明参观，保护文物不受损坏和丢失。

5. 文物保存的预防性保护

文物是人类社会的宝贵财富，具有不可替代的历史、艺术和科学价值。然而，文物在自然环境和人为因素的作用下，往往会遭受损害和破坏。为了确保文物的长久保存，文物保存的预防性保护显得尤为重要。预防性保护是文物保存的重要原则之一，强调在文物出现损坏之前采取措施进行保护，以避免文物的进一步损坏。预防性保护包括对文物的定期检查和维护、对文物保存环境的监测和控制等。

预防性保护文物的目的是，通过采取科学有效的措施，防止或延缓文物在各种自然环境和人为因素作用下的劣化过程，以延长文物的使用寿命。预防性保护文物应遵循以下原则：预防为主，防治结合。在文物保存过程中，应采取积极的预防措施，降低文物受损的风险，同时结合必要的治疗措施，减轻文物的损害程度；保持原状，最小干预。在文物保存过程中，应合理利用文物资源，发挥其历史、艺术和科学价值，促进文化传承和发展。同时，应采取适当的保护措施，确保文物的可持续利用。

预防性保护文物的实践应用，包括环境控制、材料保护和风险评估等方面，下面将分别介绍这些实践措施。一是环境控制。环境是影响文物保存的重要因素之一，为了确保文物的长久保存，应采取以下环境控制措施：保持稳定的温度和湿度是预防文物损坏的关键，应通过安装空调、加湿器等设备，将温度和湿度控制在适宜的范围内，以减缓文物的劣化过程；光照对文物的影响不可忽视，应采取措施降低光照强度，如安装遮光窗帘、灯罩等，以防止文物因光照而受损；虫害和霉菌控制也很重要，虫害和霉菌对文物具有极大的危害，博物馆应定期检查文物的虫害和霉菌情况，并采取熏蒸、喷洒杀虫剂等措施进行防治。二是加强材料保护。针对不同材质的文物，应采取不同的材料保护措施。例如，对于纸质文物，应采用防潮、防蠹、防老化等措施；对于纺织品文物，应采取防虫、防霉、防老化等措施；对于金属类文物，应进行防锈、防腐等处理。此外，针对不同材质的文物，还应开发和应用新型的保护材料和技术，以延长其使用寿命。三是进行风险评估。风险评估是预防性保护文物的重要环节之一，通过对文物的风险评估，可以确定文物的脆弱性，以及可能面临的风险因素，从而制定相应的保护措施。风险评估的方法包括定性和定量评估两种，具体应根据实际情况选择合适的方法。

文物是历史的见证，是国家和民族的宝贵财富。然而，由于各种自然和人为因素，文物容易受到损害和破坏。为了保护这些珍贵的文化遗产，预防性保护文物成为重要的措施。下面以某博物馆的预防性保护实践为例，说明预防性保护文物的应用和效果。

在环境监测和控制方面，该博物馆安装了智能环境调控系统，根据不同文物的适宜环境要求进行分区调控，确保了文物的保存环境稳定、适宜。该博物馆还安装了环境监测系统，对温度、湿度、光照、空气污染物等环境因素进行实时监测。监测数据被用来调整博物馆的环境控制设备，如空调、除湿机、空气净化器等，以保证文物的最佳保存环境。同时，对于一些对环境特别敏感的文物，如书画、纺织品等，还采取了更加严格的保护措施，如设置独立展柜、使用环境控制系统等。

在预防性修复和保养方面，该博物馆拥有一支专业的修复和保养团队，工作人员对文物的修复和保养，有着丰富的经验和技能。团队成员定期对文物进行检查和维护，发现文物的潜在问题和损伤及时进行处理。同时，团队成员还会根据文物的特点，制订个性化的修复和保养方案，以保证文物的长期保存。

在教育和宣传方面，该博物馆非常重视文物保护的宣传和教育，通过各种渠道向公众传播文物保护知识，提高公众对文物保护的意识。此外，博物馆还定期组织针对学校和社区的文物修复活动，让学生和社区居民了解文物的价值和保护方法。

在合作与交流方面，该博物馆积极与其他博物馆、研究机构进行合作与交流，共享文物保护的经验和技术。通过与国内外的专业机构建立长期合作关系，共同开展文物保护研究和项目实施。通过合作与交流，该博物馆不断更新自己的保护理念和技术水平，提高文物保护的能力。

经过一系列预防性保护措施的实施，该博物馆取得了显著的文物保护效果。（1）通过环境监测和控制、预防性修复和保养等措施，该博物馆文物的保存状况明显改善。许多文物得到了及时修复和保养，避免了进一步损伤和破坏。同时，由于环境的改善，一些容易受损的文物得到了更好的保护。（2）通过教育和宣传活动，该博物馆提高了公众对文物保护的意识。越来越多的观众关注和参与到文物保护中来，形成了良好的社会氛围。此外，学校和社区的文物修复活动，也让学生和居民更加了解文物的价值和保护方法。（3）该博物馆通过合作与交流获得了更多的机遇和挑战。与专业机构的合作项目，为文物保护提供了更多的资金和技术支持；同时，与国内外同行的交流，也让其不断更新自己的保护理念和技术水平。这些合作与交流，为该博物馆的文物保护工作带来了更多的动力和发展空间。

预防性保护文物是一项非常重要的工作，通过采取科学有效的措施和方法，可以有效地保护珍贵文物，延长其使用寿命。同时，加强宣传和教育可以提高公众的文物保护意识，形成良好的社会氛围。

6. 文物保存的人员素质

博物馆工作人员的素质也是影响文物保存的重要因素之一。工作人员需要具备专业的文物保护知识和技能，能够正确地处理和保存文物。同时，工作人员还需要具备良好的职业道德和工作态度，以保证文物的安全和保护工作的顺利进行。提升文物保存人员素质的有效途径包括以下6种。（1）加强专业培训。组织文物保存人员参加专业培训课程，提高工作人员对文物保存和保护工作的认识和技能。培训内容可以包括文物修复技术、文物保护法规、博物馆管理等方面的知识。（2）实践经验积累。让文物保存人员参与实际文物修复项目，通过实践经验积累，提高人员的专业素质。在实践中，人员可以学习到如何鉴定文物、如何进行文物修复、如何管理博物馆等知识。（3）强化职业道德教育。加强文物保存人员的职业道德教育，提高工作人员的职业素养和道德水平。教育内容包括文物保护的意义、职业道德规范、法律法规等。（4）建立考核机制。建立文物保存人员的考核机制，定期对工作人员进行专业技能和职业素养的考核。对于考核优秀的员工，可以给予相应的奖励和晋升机会，对于考核不合格的员工，可以加强培训和指导。（5）加强团队协作。文物保存工作需要团队合作，因此需要加强团队协作能力的培养。通过团队建设活动、交流研讨会等方式，提高员工之间的沟通和协作能力。（6）引进先进技术。积极引进先进的文物保存技术和设备，提高文物保存工作的效率和水平。同时，也需要关注科技发展动态，及时学习和掌握新的技术。

提升文物保存人员素质是一项重要而紧迫的任务，需要付出多方面的努力和实践。政府、社会、学校等各方面，都应该积极支持和配合，共同推动文物保存人员素质的提升。只有不断提高文物保存人员的专业素质和职业素养，才能更好地保护和传承历史文化遗产，为后世留下宝贵的历史财富。为了提升文物保存人员的素质，政府还应该加大对文物事业的投入，提高文物保存人员的待遇和福利，吸引更多的人才投身于文物事业。同时，政府还应该加强对文物保存人员的培训和管理，建立健全的培训和管理机制，提高工作人员的专业素质和职业素养。社会也应该加强对文物保存人员的关注和支持。媒体应该加强对文物保存人员的宣传和报道，提高人员的社会地位和影响力，社会各界也应该加强对文物保存人员工作的支持和帮助，提供更多的资源和支持。学校是培养文物保存人员的重要场所，应该加强对文物保存专业的建设和投入，提高教学质量和水平。同时，学校还应该注重培养学生的实践能力和职业素养，为学生未来的职业发展打下坚实的基础。

7. 加强文物保护意识的培养

文物保护不仅是博物馆的责任，更是全社会的共同责任。这项任务的艰巨性，不仅在于文物本身的珍贵性，更在于其承载的历史和文化价值。因此，需要加强文物保护意识的培养，让公众更加深入地认识到文物保护的重要性，把文物保护放在更加突出的位置。政府和社会组织在此方面可以发挥关键作用，可以开展各种形式的宣传和教育活动，如举办文物展览、开展历史文化讲座、制作和播放文物保护宣传片等，以此提高公众对文物保护的认识和重视程度。这些活动不仅可以增强公众对文物的认识和了解，还能激发公众对文物保护的热情和积极性。在宣传和教育的过程中，还需要注重培养公众的实践能力。例如，可以组织公众参与文物的修复和保护活动，让公众亲身体验到文物保护的重要性，从而更加自觉地投入文物保护的事业中来。此外，还需要在制度层面保障文物保护工作的顺利进行。政府应制定相关的法律法规，对文物的保护、开发和利用进行规范，防止文物被滥用或破坏。同时，对于那些在文物保护工作中做出突出贡献的单位和个人，应给予适当的奖励和表彰，以激励更多的人参与到文物保护工作中来。

文物保护是一项长期而艰巨的任务，需要全社会的共同努力。只有通过加强宣传教育、培养实践能力和完善制度保障等多方面的措施，才能更好地保护好这些珍贵的文化遗产，让文物的历史和文化价值得到更好的传承和发扬。为了加强文物保护意识的培养，提高公众对文物保护的认识和重视程度，政府和社会组织还可以采取以下措施：（1）政府和社会组织可以组织志愿者参与文物保护工作，如文物修复、古迹保护等，让公众亲身感受文物保护的意义和价值；（2）政府和教育机构可以加强学校教育中的文物保护教育，通过课程设置、课外活动等方式，让学生了解到文物保护的知识和重要性，培养他们的文物保护意识；（3）政府和社会组织可以提供资金支持，用于文物保护工作，包括文物修复、古迹保护、文物保护宣传等。通过以上措施，可以提高公众对文物保护的认识和重视程度，让更多的人参与到文物保护工作中来，共同保护这些文化遗产。

第三节　数字化技术在文物保护中的应用

一、数字化技术

数字化技术是一种将模拟信号转换为数字信号的过程，涉及对数据的采集、存储、处理、传输和显示等方面。数字化技术可以将各种形式的信息，如文本、图像、声音、视频等，转化为计算机可识别的二进制数据，从而实现信息的快速、准确、可靠地处理和传输。数字化技术的特点主要包括以下几个方面：数字化技术可以将模拟信号转换为高精度的数字信号，避免了传统模拟信号处理中由于信号衰减、噪声干扰等因素导致的精度损失；数字化技术利用计算机的高速处理能力，可以实现对大量数据的快速处理，提高了信息处理的效率；数字化技术可以处理各种形式的信息，实现了不同类型信息的融合和交互，提高了信息的使用效率；数字化技术可以通过升级硬件设备和软件算法，实现技术升级和性能提升，满足了不断发展的信息技术需求。

数字化技术的应用范围非常广泛，已经成为现代社会各个方面不可或缺的一部分。一般而言，数字化技术通常应用在数字通信、数字图像处理、数字音视频处理、数字图书馆、数字医疗、数字金融、智能制造、智慧城市等方面。数字化技术可以将信息转换为数字信号进行传输，提高了通信的可靠性和速度，如数字通信广泛应用于电话、移动通信、卫星通信等领域。数字化技术可以将图像转换为数字图像，对数字图像进行压缩、存储、传输和处理，如数字图像处理广泛应用于医学影像、遥感影像、计算机视觉等领域；数字化技术可以将音频和视频信号转换为数字音视频数据，实现音视频的数字化编辑、压缩和传输，如数字音视频处理广泛应用于广播电视、电影制作、网络直播等领域。数字化技术还可以将图书、文献等资料转换为数字文档，实现文档的存储、检索、保护和共享，如今数字图书馆已经成为现代图书馆的重要发展方向。数字化技术可以将医学影像、生理信号等医学数据转换为数字信号，实现医学数据的快速、准确处理和传输，数字医疗已经成为现代医学的重要发展方向。数字化技术可以实现金融数据的快速、准确处理和传输，提高金融交易的效率和安全性，数字金融已经成为现代金融业的重要发展方向。数字化技术可以实现生产过程的自动化、智能化和信息化，提高生产效率和产品质量，智能制造已经成为现代制造业的重要发展方向。数字化技术可以实现城市管理的智能化和信息化，提高城市管理的效率和公共服务水平，智慧城市已经成为现代城市发展的重要方向之一。

数字化技术是现代社会不可或缺的一部分，已经渗透到各个领域中，为人们的生活和工作带来了巨大的便利和发展机遇。随着技术的不断进步和应用场景的不断扩展，数字化技术将会在未来发挥更加重要的作用。以数字图书馆的应用为例。数字图书馆是一种面向未来互联网发展的信息管理模式，可以广泛地应用于社会文化、终身教育、大众媒介、商业咨询、电子政务等一切社会组织的公众信息传播。数字图书馆不仅是一种完整的知识定位系统，更是基于信息的处理和简单的人机界面，逐步向基于知识的处理和广泛的机器之间的理解发展。这种模式使人们能够利用计算机和网络，更大范围地拓展智力活动的能力，在所有需要交流、传播、存储和利用知识的领域，包括电子商务、教育、远程医疗等，发挥极其重要的作用。在具体应用上，数字图书馆能够解决图书馆纸书副本限制、更新不及时、存放空间有限等问题，为市民文化生活增添了更多互动性、体验感，打通了公共文化服务最后一公里。结合市民多样的生活、工作场景，各地灵活配置适合的数字资源与终端设备，如"移动数字图书馆"，在机场、医院、书店、街道等地广泛分布，实现了 24 小时全天候随时随地阅读。此外，数字图书馆的资源非常丰富，涵盖了军事政治、名家精品、经典名著、人文历史、教育科普等多个领域。每本书都配有对应的二维码，用手机扫一扫便可免费阅读整本电子书。通过扫码下载相关 APP，还能在线阅读设备内同步的数字资源。因此，无论是从功能、资源还是使用体验上，数字图书馆都给人们带来了极大的便利。随着科技的发展，数字图书馆的应用也将更加广泛和深入。

二、数字化技术在文物保护中的应用

科技的快速发展，数字化技术已经深入影响到人们生活的方方面面，特别是对于文物的保护。文物是人类历史和智慧的结晶，代表着人类文明的发展历程。然而，由于种种原因，许多文物遭到了破坏或遗失，这无疑是无法衡量的巨大损失。幸运的是，随着科技的进步，人们开始有了全新的保护方式。通过数字化技术，人们能够将文物以数字图像的形式保存下来，永久地记录下文物的样貌和细节。这样一来，就可以在任何时间、任何地点通过电脑或手机等设备，随时随地欣赏和学习这些文物。同时，数字化技术还可以帮助人们更好地研究和理解文物。通过数字图像，人们可以对文物进行更细致的观察和分析，从而发现更多的历史信息和艺术价值。此外，数字化技术还可以更好地保护文物。例如，通过数字图像，博物馆可以对文物的损坏情况进行监测和评估，及时采取保护措施，避免文物的进一步损坏。因此，数字化技术对于文物的保护和研究具有重要意义。它不仅可以帮助我们永久保存文物的历史信息，还可以帮助我们更好地研究和理解文物，从而更好地保护文物。随着科技的不断发展，数字化技术将会在未来的文物保护中发挥更加重要的作用。

数字化技术是一种尖端的科技，它通过将现实世界的信息转化为计算机能够处理的数字信息，实现了对海量数据的处理和利用。这种技术采用了多种形式的数据采集方式，包括图像、文字、音频、视频等，以便更全面、更准确地获取信息。在文物保护领域，数字化技术发挥着至关重要的作用，它不仅能够对文物进行高精度的信息采集，还能够实现文物的永久保存和展示，为后人留下了珍贵的文化遗产。通过数字化技术，文物的信息可以被全面地采集和保存，这不仅包括文物的外观、尺寸、材质等基本信息，还可以记录文物的历史背景、文化内涵等信息。这些信息可以通过计算机进行处理和存储，以便日后的查询和研究。同时，数字化技术还可以实现文物的虚拟展示，让观众可以在家中就能欣赏到各种珍贵的文物，进一步扩大文物的传播和影响力。在文物保护领域，数字化技术的运用还具有很多优势。首先，数字化技术可以避免文物在采集、保存和展示过程中受到物理损伤，保护了文物的安全；其次，数字化技术可以实现文物的永久保存，避免了文物因时间流逝而产生的自然损坏；最后，数字化技术可以实现对文物的复制和仿制，使得珍贵的文物可以得到更好的传承和发扬。

1. 文物信息采集

利用先进的、高精度的设备，如高清相机和激光扫描仪，对文物进行详细的数据采集。这些设备能够捕捉到文物的每一个细节，包括其形状、颜色、纹理等，以及任何细微的特征和变化。采集过程中，会尽可能地获取文物的所有信息，确保数据的准确性和完整性。这些数据被视为文物的数字副本，为人们提供了宝贵的、详尽的文物信息。这些信息将作为后续文物研究和保护工作的基础数据，为专家和学者们提供全面的、真实的研究资料。通过这些数据，专家和学者们可以更好地理解文物的历史价值、艺术价值和保护价值，从而为文化遗产保护工作提供有力的支持。这种方式不仅可以永久地保存文物的信息，还可以为未来的文物研究、保护和修复工作提供重要的参考依据。因此，高精度的数据采集，对于文物保护和研究来说具有极其重要的意义。

为了确保文物信息的高精度采集，数据采集团队采用了多种技术手段相结合的方式。先使用高清相机对文物进行全方位的拍摄，以获取文物的详细照片。随后用激光扫描仪来对文物进行三维扫描，以获取文物的精准三维模型。同时光谱仪来对文物的颜色和纹理进行分析，以获取文物的详细颜色和纹理信息。在数据采集过程中，数据采集团队还借助了计算机辅助设计软件，对获取的文物数据进行精细的建模和数据处理。这使得文物信息的获取更加精确和全面，为后续的文物研究和保护提供了重要的基础数据。这些数据不仅为文物的研究提供了宝贵的资料，还可以用于文物的保护和修复。通过对文物的精细建模和数据分析，人们可以更好地理解文物的制作工艺和历史背景，从而为文物的保护和修复提供重要的参考。同时，这些数据也可以用于文物的数字化保存，为后人留下珍贵的文化遗产。

2. 文物信息存储

数字化档案的建立为文物保护工作带来了许多优势。首先，通过将文物信息进行数字化处理，可以有效地减少文物在存储过程中的损坏风险。传统的文物保存方法，往往面临着诸如氧化、腐蚀、虫蛀等多种风险，而数字化档案的建立，可以将这些风险降至最低。其次，数字化档案大大提高了文物信息的可访问性。在过去，想要研究和了解某些文物，往往需要进行实地考察，甚至需要接触实物。然而，这种方式不仅耗时而且效率低下。数字化档案的建立，使得人们可以通过互联网随时随地访问这些文物信息，无需亲自前往博物馆或者图书馆。同时，数字化档案也为文物的保护和研究提供了更多的可能性。例如，数字化技术可以将文物的细节和特征进行高精度的还原，甚至可以发现一些在实物中难以察觉的信息。此外，数字化档案还可以为学者们提供更加便捷的学术交流和合作的机会。当然，数字化档案并非没有挑战和问题。例如，如何保证数字化信息的真实性和准确性，如何防止数字化档案被滥用和篡改等。然而，随着技术的不断进步和管理的不断规范，未来这些挑战和问题都将得到有效的解决。人们通过建立数字化档案，不仅可以更好地保护珍贵的文物，还可以使这些文物更好地服务于学术研究和文化传承。在未来，更多的数字化档案会为文物保护工作带来新的突破和进步。

3. 文物信息处理

除了改善和提高文物图像的质量和清晰度，计算机图像处理技术还可以对文物信息进行进一步的分类、识别和解析，以实现文物的数字化保护和利用。通过计算机图像处理技术，工作人员可以将文物的表面特征、材质、颜色等进行分析和提取，为文物的分类、鉴定、修复等工作提供重要的技术支持。此外，计算机图像处理技术还可以应用于文物的虚拟修复。利用计算机模拟和预测技术，可以对文物进行虚拟修复，以恢复其原始面貌。这种技术不仅可以保护文物，还可以为文物的修复工作提供重要的参考依据。另外，计算机图像处理技术还可以应用于文物的数字化保存。将文物图像进行数字化保存，可以实现文物的永久保存和备份，为文物的研究、保护和传承提供重要的技术支持。

在文物的保护、修复、研究等方面，计算机图像处理技术具有广泛的应用前景，可以为文物的保护和传承提供重要的技术支持。

中国国家博物馆是中国最大的综合性国家博物馆，馆内藏品丰富，其中包含大量的珍贵文物。近年来，该博物馆在文物保护方面积极应用了文物信息处理技术，以下是具体的案例说明。一是文物数字化保护。中国国家博物馆，采用高分辨率的数字相机和扫描仪，将馆内珍贵的文物进行数字化处理，建立完整的文物数字档案。这些数字档案不仅可以用于学术研究，还可以用于文物的复制、修复和保护。通过数字化技术，文物的细节和历史信息得以永久保存，为后代留下了宝贵的文化遗产。二是虚拟现实与增强现实技术的应用。中国国家博物馆还利用虚拟现实（VR）和增强现实（AR）技术，为观众提供了更加丰富的互动体验。例如，在某些珍贵文物的展示中，观众可以通过 AR 眼镜看到文物的 3D 模型和历史背景介绍。此外，博物馆还开发了 VR 导览系统，观众可以身临其境地体验文物的历史背景和背后的故事。三是人工智能在文物保护中的应用。中国国家博物馆与合作伙伴，共同开发了基于人工智能（AI）的文物保护系统。该系统可以通过机器学习和深度学习技术，对文物的图像、文字等信息进行分析和处理。例如，系统可以通过图像识别技术自动标记文物的损坏部位，并提出修复建议。此外，人工智能技术还可以辅助专家进行文物鉴定和修复工作，提高文物保护的效率和准确性。四是数据库建设与信息共享。中国国家博物馆还建立了完善的文物数据库，将文物的详细信息、照片、修复记录等信息，存储在数据库中。这些信息可以通过网络平台进行查询和共享，促进了学术交流和合作。此外，博物馆还与合作伙伴共同开发了信息共享平台，为国内外的文物保护机构提供数据支持和交流机会。

通过以上案例可以看出，文物信息处理技术，在博物馆文物保护中发挥了重要作用。数字化技术为文物的永久保存提供了保障；虚拟现实和增强现实技术为观众提供了更加丰富的互动体验；人工智能技术的应用，则提高了文物保护的效率和准确性；数据库建设和信息共享，促进了学术交流和合作。这些技术的应用，也为中国国家博物馆的文物保护工作，注入了新的活力，同样也为其他博物馆提供了借鉴和学习的经验。

4. 虚拟展示

利用先进的数字化技术，能够实现对文物的虚拟展示，这意味着公众可以在任何时间、任何地点，如同身临其境般地欣赏到这些珍贵的文物。这种展示方式不仅极大地提高了文物的可见性，让更多的人能够领略到文物的魅力，还增强了公众对文物的认识和理解。这种虚拟展示方式可以细致入微地展现文物的每一个细节，无论是精美的纹饰、独特的造型，还是历史悠久的色彩，都能被完美地呈现出来。这不仅让公众能够更加直观地了解文物，也能在一定程度上保护文物，减少因直接接触而造成的损害。此外，数字化技术还可以实现对文物的 3D 建模和动画制作，让公众能够从多个角度欣赏文物，进一步增强对文物的认识和理解。同时，这也为学术研究和文化传承提供了更加准确、便捷的途径。数字化技术还可以对文物进行修复和保护，通过使用计算机图像处理和增强现实等技术，专家们可以准确地识别和分析文物的细节和损坏情况，然后采取有效的措施进行修复和保护。这种方式不仅可以保护文物的原始状态，还可以延长文物的使用寿命，并减少因人为因素对文物的损坏。数字化技术还可以将文物转化为数字艺术品，并进行复制和分发。这种方式可以让更多的人欣赏到这些珍贵的艺术品，并促进文化的传承和发展。此外，数字化技术还可以通过创建虚拟博物馆和展览等方式，为公众提供更加便捷的访问方式，使人们获得更加丰富的文化体验。数字化技术为文物的展示、修复和保护工作，带来了革命性的变革。通过数字化技术，博物馆可以更好地保护和传承文化遗产，并让更多的人了解和欣赏到这些珍贵的文物和文化信息。

虚拟展示为文物保护提供了一个全新的视角，通过数字技术，让文物以更加生动、持久的方式呈现给公众。受限于物理条件，如场馆、气候等，许多文物无法得到充分的展示和保护。虚拟展示通过构建三维的数字模型，让文物在任何时间、任何地点都能被大众所了解和欣赏。文物是时间的见证者，但它们往往因为各种原因而受到破坏。虚拟展示可以通过高精度的复制和数字化存储，为后人留下珍贵的文化遗产，同时避免了原物品的磨损和破坏。

虚拟展示可以利用现代技术，如增强现实、虚拟现实等，为观众提供沉浸式的体验，使文物的历史和文化内涵更加生动、形象地呈现出来。

虚拟展示在文物保护中的具体应用，主要包括数字化存档、虚拟修复、虚拟展馆、网络传播、教育培训。数字化存档是指通过对文物进行高精度的三维扫描和数据采集，建立完整的数字化档案，为后续的虚拟展示和保护提供基础数据。虚拟修复是指通过计算机软件和硬件的结合，对破损、丢失或残缺的文物进行虚拟修复，使其恢复到原始状态，同时为实际修复提供参考和指导。虚拟展馆是指利用虚拟现实和增强现实等技术，构建一个沉浸式的虚拟展馆，观众可以通过终端设备与展品进行互动，全方位、多角度地欣赏文物。网络传播是指通过互联网将虚拟展馆和文物信息传播到世界各地，打破地域限制，让更多人了解和欣赏到文物的魅力。教育培训是指利用虚拟展示技术，开发针对学生和公众的教育培训项目，让其在轻松有趣的环境中，了解和学习文物的历史和文化价值。

虚拟展示在文物保护中的前景比较广阔，如技术创新、跨界合作、公众参与、国际化合作等，目前随着虚拟现实、增强现实等技术的不断发展，虚拟展示在文物保护中的应用将更加广泛和深入。例如，利用全息投影技术，可以呈现文物的立体影像，让观众有更真实的感受。全息投影技术是一种利用激光干涉记录，并再现物体光波的振幅和位相等全部信息的技术。相较于传统的影像技术，全息投影技术能够呈现文物的立体影像，让观众有更真实的感受。在博物馆中，全息投影技术已经成为一种常见的展示方式。通过将文物的影像投射到空气中，观众可以在没有任何阻碍的情况下，全方位地观察和欣赏文物。这种技术不仅可以呈现文物的外观，还可以还原文物的材质、纹理和颜色等细节，让观众感受到文物的历史和文化价值。除了博物馆，全息投影技术在其他领域也有广泛的应用。例如，在娱乐行业中，全息投影技术可以呈现虚拟偶像的立体影像，让观众感受到与真实偶像一样的真实感和互动性。在教育领域中，全息投影技术可以用于模拟实验和场景再现，让学生更好地理解和掌握知识。随着技术的不断发展，全息投影技术的应用前景也越来越广阔。

在跨界合作方面，文物保护需要多学科的知识和技能，虚拟展示技术的应用也需要跨学科的合作。文物保护是一项复杂而重要的工作，需要多学科的知识和技能。这些学科包括历史学、考古学、艺术学、材料科学、计算机科学等。每个学科都有其独特的视角和专业知识，可以为文物保护提供宝贵的支持和指导。未来，文物保护领域将更多地与计算机科学、历史学、考古学等领域进行合作，共同推动虚拟展示技术的发展。虚拟展示技术，是一种利用计算机、智能手机、平板电脑等显示设备和图像处理、人机交互等技术，将文物、遗址等展品以三维虚拟形式展示出来的技术。这种技术的应用，也需要跨学科的合作，包括计算机科学、历史学、考古学、艺术学等。未来，随着技术的不断发展和文物保护意识的不断提高，文物保护领域将更多地与计算机科学、历史学、考古学等领域进行合作。这种合作将有助于深入挖掘文物的历史文化价值，更好地保护和传承文化遗产。同时，计算机科学等领域的新技术和方法，也将不断被引入到文物保护领域中，推动虚拟展示技术的发展，为公众提供更加真实、生动、有趣的展示体验。

在公众参与方面，公众的参与无疑是文物保护的重要力量，这一点不容忽视。借助广大民众的力量，文物保护工作得以推进，从而保护了历史文化的传承，增强了国家的文化自信。虚拟展示技术的应用，无疑会吸引更多人关注和参与文物保护工作。这种技术以其独特的魅力，将文物的原貌进行再现，让公众可以在家中就能轻松地欣赏到文物的细节和历史背景。这种身临其境的体验感，无疑会激发大众对文物保护的兴趣和热情。虚拟展示技术的应用，不仅可以通过网络让更多人了解文物，还可以提高大众的文物保护意识。当人们亲身体验到文物的珍贵和重要性时，自然会更加重视文物保护工作。这种意识的提高，不仅可以增强公众对文物保护的责任感，还可以为文物保护工作提供更广泛的支持和帮助。

在国际化合作方面，随着全球化的不断推进，国家间的文物保护合作也将日益加强。这一趋势是由多种因素驱动的，其中最主要的是对文化遗产的共同关注和保护。虚拟展示技术的出现，打破了地域限制，使得国家间的文化交流和文物保护合作得以实现。这一技术能够将文物的信息以更真实、更生动的方式呈现给全世界的人们，让其能够更好地了解和欣赏文化遗产的魅力。同时，虚拟展示技术也为文物保护专家提供了一个便捷的平台，可以通过这个平台进行更深入的研究和讨论，共同为保护人类的文化遗产做出更大的贡献。

虚拟展示技术的应用，为文物保护带来了新的机遇和挑战。它不仅为文物的保护、修复和展示提供了新的途径和方法，还提高了公众对文物保护的认识和参与度。通过数字化技术，人们可以快速、准确地获取文物的详细信息，这大大提高了文物的保护效率。同时，数字化存储也使得文物的信息更加容易访问和查询，为文物的保护和研究提供了便利。相较于传统的物理保护方式，数字化保护无需对文物进行频繁的移动和存储，这大大降低了文物的保护成本。同时，数字化信息的可复制性也使得文物的备份和恢复变得更加简单和经济。通过数字化技术，人们也可以对文物进行全面的信息采集和存储，这为文物的安全提供了保障。即使文物在意外情况下丢失或损坏，也可以通过数字档案迅速恢复文物的原貌。另外，虚拟展示和网络访问可以让更多的人了解和接触到文物，这不仅提高了公众对文物的认识和欣赏水平，也增强了公众参与文物保护的积极性。在当今这个数字化时代，人们应该充分利用数字化技术，为文物保护提供新的解决方案。通过数字化技术的运用，人们可以更好地保护、传承和发扬文化遗产，让这些珍贵的文物在新的时代里，继续发挥其价值和影响力。当然，随着技术的不断创新和发展，虚拟展示将在文物保护中发挥更大的作用。

第五章 策展与文物保护的融合

第一节 文物保护与策展的冲突与平衡

一、文物保护与策展的冲突

文物保护和策展是文化领域的两个至关重要的方面，二者虽然相互关联，但在实际操作中却有着不同的侧重点和目标。文物保护的核心在于确保文化遗产的完整性和稳定性，采取各种措施对其进行维护和修复，以防止其遭受破坏和流失；而策展则更注重于将这些宝贵的文化遗产展示给公众，通过合理的布局和呈现方式，让观众更好地理解和欣赏这些文物，同时促进文化交流和知识传播。虽然文物保护和策展存在一定的冲突，例如有时候需要对文物进行修复和保护，而策展则需要将文物展示出来，这可能会对文物造成一定的影响。但是，通过科学的方法和合理的规划，博物馆可以实现文物保护和策展之间的平衡。例如，在策展过程中，博物馆可以通过限制参观人数、控制灯光和湿度等环境因素，有效减少对文物的损害。同时，在文物修复过程中，博物馆也可以采用一些先进的科技手段，如 3D 打印、虚拟现实等，既可以对文物进行精准的修复，又可以减少对文物的破坏。文物保护和策展都是文化领域中不可或缺的方面，它们之间可以实现平衡和协调发展。通过科学的方法和创新的思维，可以更好地保护和传承这些珍贵的文化遗产，同时让更多的人了解和欣赏文物所蕴含的文化内涵和历史价值。

文物保护和策展之间的冲突，主要表现在以下几个方面。

1. 保护与展示的矛盾

文物保护的主要目标，是保护这些珍贵的文化遗产，确保文物能够被未来的世代完好地传承下去。这些文物代表着人类的历史、文化、艺术和技术发展，是无可替代的宝藏。保护这些文物，能够维护和保留社会历史和文化的连续性，并启发人们对人类文明的思考和探索。策展工作则是将文物以展览的形式展示给公众，让更多的人能够亲眼欣赏到这些文物的魅力。然而，在展览过程中，文物可能会面临各种环境因素和人为因素的损害，如温度、湿度、光照、灰尘等自然因素，或者观众的触摸、拍照、喧哗等行为。这些损害不仅会影响文物的外观和状态，更严重的是会破坏文物的历史价值和文化内涵。因此，如果策展工作不能有效地保护文物，那么这种展示就会违背文物保护的原则。为了确保文物的安全和保护工作的顺利进行，需要采取一系列的措施和方法，如限制观众的行为、控制环境因素、使用专业的展示设备等。同时，也需要对文物进行定期的检查和维护，及时发现和处理任何潜在的损害风险。

在策展过程中，文物保护专家需要全程参与，确保文物在展示过程中不会受到损害。同时，策展人也需要认真听取文物保护专家的建议，尽可能采取不损害文物的展示方式。为了更好地保护文化遗产，除了传统的文物保护措施外，还需要采取更多的创新措施。例如，可以利用数字化技术将文物进行复制或虚拟展示，这样既可以保护文物本身，又可以满足公众的参观需求。同时，还可以建立完善的文物保护法规，加强对文物的管理和保护力度。在文物保护和策展方面，还需要加强国际合作。世界各地的文化遗产都需要得到保护和传承，而不同国家和地区之间的合作可以互相学习和借鉴经验，共同推动文物保护事业的发展。文物保护和策展是一项非常重要的工作，需要全社会共同关注和参与。只有采取科学有效的措施，才能确保文化遗产得到充分的保护和传承。

2. 不同利益诉求的矛盾

文物保护机构通常是代表着文化遗产所有者的权威机构，该机构致力于确保文物的保护和保存，以维护文化遗产的完整性和永久性。这些机构通常拥有专业的文物保护专家和科技设备，能够为文物提供最佳的保护方案和修复计划，以防止文物的进一步破损或遗失。策展机构则代表着公众的利益，其相关工作主要是为公众展示和传播文化遗产。这些机构通常与文物保护机构合作，从文物保护机构获取文物并进行展示，为公众提供了解和欣赏文化遗产的机会。策展机构注重的是文物的展示和传播，通常会为公众提供更多的信息和解读，帮助公众更好地理解和欣赏文化遗产。

这两个利益群体的诉求不同：文物保护机构注重的是保护和保存，而策展机构注重的是展示和传播。但是二者都是为了保护和传承文化遗产而努力，为公众提供更好的文化体验和认知。因此，文物保护机构和策展机构之间的合作显得尤为重要。这种合作不仅可以促进文化遗产的保护和保存，同时也可以满足公众的展示和传播需求。一般来说，文物保护机构通常拥有丰富的历史和文化背景，对于文化遗产的价值和意义有着深入的了解，而且致力于确保文化遗产的完整性和真实性，并采取一系列的保护措施，如修复、维护和保护。策展机构则更注重为公众提供展示和传播的机会，让更多人了解和欣赏文化遗产的价值，通常会根据公众的需求和兴趣，策划各种展览和文化活动，让公众能够更直观地了解文化遗产的历史和文化背景。文物保护机构和策展机构之间的合作，可以实现文化遗产的全面保护和传承。这种合作可以促进公众对文化遗产的了解和认识，同时也可以为文化遗产的保护和保存提供更多的支持和资源。在合作过程中，文物保护机构和策展机构需要相互尊重、相互支持，共同制订合作计划和方案。比如，可以共同开展培训和教育活动，提高公众对文化遗产的认识和保护意识；也可以共同开展研究项目，探索文化遗产的历史和文化背景，为文化遗产的保护和传承，提供更多的科学依据和支持。文物保护机构和策展机构之间的合作，可以说是一种双赢的模式，不仅可以促进文化遗产的保护和传承，同时也可以满足公众的展示和传播需求。这种合作需要双方共同努力和支持，共同探索和创新，促进文化遗产的保护和传承。

3. 不同价值观的矛盾

文物保护和策展这两个领域有着截然不同的价值观。文物保护注重的是尊重和保护文化遗产，这包括各种形式的文化、历史、艺术和传统知识。这种价值观的目的是维护文化的多样性和历史的真实性和完整性，确保人类后代能够继承和欣赏这些无价的精神财富。策展则强调创新和变革。策展人通常会根据公众的需求和期待来策划展览和活动，推动艺术、文化和知识的创新。策展人通过运用独特的视角、创新的方法和跨学科的知识，将艺术、历史、文化和社会现象以全新的方式呈现给观众。这种价值观的目的是，满足公众的需求和期待，推动社会的发展和进步。这两个领域的价值观虽然看似矛盾，但实际上是相辅相成的。文物保护强调的是对历史和文化的尊重和保护，而策展则强调的是创新和变革，这两者共同构成了文化遗产保护和传承的完整画面。在实践中，文物保护和策展需要相互协调、相互支持，才能实现文化遗产的全面保护和传承。

二、文物保护与策展的平衡

文物保护与策展的平衡很重要，主要体现在以下两个方面。（1）文物保护是策展的基础。文物是博物馆的核心资源，是历史和文化的重要载体。保护好文物是博物馆的首要任务，也是策展工作的基础。只有充分保护好文物，才能为观众呈现真实、完整的文物风貌，让观众更好地了解和感受文物的历史和文化价值。（2）策展是文物保护的重要手段。策展可以将文物与特定的主题、历史背景、文化现象等相结合，让观众更好地理解文物的内涵和价值。同时，策展还可以通过合理的布局、灯光、音效等手段，突出文物的特点和价值，增强观众的观赏体验。文物保护与策展的平衡，需要充分考虑文物的特点和价值。对于一些具有较高历史、艺术和文化价值的文物，需要采取更加严格的保护措施，确保文物的安全和完整性。在策展过程中，也需要根据文物的特点和价值，制订相应的展览方案和保护措施，确保文物在展览中得到充分展示和保护。文物保护与策展的平衡，还需要考虑观众的需求和体验。博物馆的观众是博物馆服务的核心对象，观众的需求和体验是博物馆工作的重要参考。因此，在文物保护与策展的平衡中，需要考虑观众的需求和体验，为观众提供更好的展览和服务。只有充分保护好文物，才能为观众呈现真实、完整的文物风貌；只有合理的策展方案和保护措施，才能让文物得到更好的展示和保护。同时，还需要考虑观众的需求和体验，为观众提供更好的展览和服务。

文物保护和策展也可以实现平衡，在实践中，可以采取以下措施来实现这种平衡。

1. 制订合理的策展计划

在制订策展计划时，应当把保护文物的需求放在首位，充分考虑文物的独特性和价值，尽可能减少展览过程对文物的潜在损害。这意味着要采用各种可能的措施，如使用适当的展台和展示灯光，避免过度的人流压力，以及制订应急预案来应对可能出现的突发情况。同时，根据文物的具体情况，包括其历史、文化背景以及材质和状况，还需要制订有针对性的展览方案。这需要对文物的特点和保护需求有深入的了解，并在此基础上进行细致的分析和研究。对于那些特别脆弱或者对环境条件敏感的文物，甚至可能需要专门定制展台和展示环境，以确保文物在展览期间得到充分的保护。展览时间和周期的安排，也需要根据文物的具体情况来确定。一些文物可能对展出时间和周期有特定的要求，比如需要特定的温度和湿度条件，或者需要在特定的时间段内，接受较少的参观人数。因此需要对这些因素进行细致的考虑，以确保文物在展览期间既能得到充分的保护，又能满足观众的参观需求。策展计划是一个需要多方面考虑和细致规划的过程，不仅需要满足观众的需求，还需要充分考虑文物的特点和保护需求。只有这样，才能确保观众有机会近距离欣赏和学习这些宝贵的文化遗产。

2. 加强公众教育和宣传

加强公众教育和宣传，可以提高公众对文物保护的认识和重视程度，让更多的人了解到文物的重要性和珍贵性，从而减少对文物的破坏和损害；也可以增强公众对文物保护的理解和支持，促进文化交流和知识传播，让更多的人了解和认识文物的历史、文化和艺术价值。加强公众教育和宣传，可以让公众更加深入地了解文物保护的意义和价值，增强公众的文物保护意识；也可以促进公众对文物相关政策的支持和理解，提高公众对文物工作的满意度和认可度；还可以增强公众的文化自信和文化自觉，提高公众的文化素质和文化修养。这对于推动文化事业的发展，促进文化产业的繁荣，都具有重要的研究意义。因此，加强公众教育和宣传，是文物保护工作的重要措施之一，也是推动文化事业发展的重要途径之一。

3. 引入科技手段

引入科技手段可以有效地保护文物，同时也可以提高展览的效果和质量。采用最先进的科技手段，可以为文物提供最全面的保护，确保文物能够长久地保存下去，为后世留下宝贵的历史遗产。同时，科技手段还可以让文物的展示更加生动、形象，给公众带来前所未有的观赏体验。例如，可以利用虚拟现实技术，将文物真实地呈现在公众面前，让人们能够近距离地观察文物的细节和历史背景。这种展示方式不仅可以保护文物，还可以让公众更加深入地了解文物的历史和文化价值。此外，增强现实技术还可以让文物"活起来"，让公众能够更加生动地感受文物的魅力和历史意义。因此，科技手段不仅可以有效地保护文物，还可以提高展览的效果和质量，为公众带来更加丰富的文化体验。

博物馆展览中引入科技手段的案例如下。

比如，虚拟现实技术的应用中，可以在展览的入口处，设置一个虚拟现实体验区。观众可以通过头戴式设备，身临其境地体验古代文化场景。观众可以穿越时空，来到唐朝的长安城，感受当时的繁华景象，还可以走进书房，观摩古代文人墨客的书法作品。又如，增强现实技术的应用中，在展览的各个展区，可以设置多个增强现实互动点。观众可以通过手机或平板电脑，扫描展品上的二维码，观看到展品的 3D 模型和历史背景介绍。此外，观众还可以通过增强现实技术，与古代人物形象进行互动，了解更多关于古代文化的故事。再比如，人脸识别技术应用中，在展览的出口处，可以设置一个互动体验区。观众可以通过人脸识别技术，与古代文化名人进行合影留念，并分享到社交媒体上。这样的互动方式不仅增加了展览的趣味性，还让观众能够更好地带走自己的参观回忆。

通过科技手段的引入，策展人发现展览能够取得显著的效果。首先，观众的参与度明显提高，许多观众都愿意尝试新的互动方式，深入了解古代文化。其次，观众的体验感得到了提升，通过虚拟现实和增强现实技术，观众可以更加直观地了解展品的历史背景和特点。最后，展览的社会影响力也得到了扩大，许多观众可以在社交媒体上分享自己的参观经历和感受，从而吸引更多人前来参观。通过引入科技手段，策展人使观众能够更加深入地了解中国古代文化，增强了展览的趣味性和互动性。虚拟现实、增强现实和人脸识别等技术的应用，为观众带来了全新的参观体验。未来，需要继续探索科技手段在博物馆展览中的应用，为观众带来更多的惊喜和收获。

4. 加强合作与沟通

文物保护机构和策展机构之间的合作与沟通是至关重要的，因为需要共同承担保护和展示文化遗产的重要责任。为了实现这一目标，双方需要密切合作，共同制订文物保护和展览方案。通过深入的协商和沟通，双方可以解决彼此之间的利益诉求矛盾和价值观差异，从而在保护文物的同时，实现展览的多样化展示。这种合作模式不仅有助于文物保护，也有助于提高公众对文物的认识和欣赏，进一步推动文化事业的繁荣发展。

文物保护和策展之间存在一定的冲突，但并非不可调和。事实上，两者之间可以实现平衡，关键在于采取何种措施和方法。在实践过程中，人们应该充分认识到文物保护和策展的重要性，并尝试寻找一种既能保护文物又能展示文物魅力的平衡方式。为了实现这种平衡，可以采取一系列的措施。首先，针对文物需要制订严格的保护计划，确保文物在存储、展示和运输过程中，可以得到最佳的保护和维护。其次，针对策展，需要挑选具有代表性历史价值和艺术价值的文物进行展示，以展现文物的文化内涵和价值。同时，还需要加强对文物的研究和解读，以便更好地理解文物的历史背景和文化内涵。此外，为了实现文物保护和策展的平衡与协调，还需要建立专业的策展团队和文物保护团队。策展团队需要具备深厚的文化素养和专业知识，能够挑选出最具代表性的文物进行展示；文物保护团队则需要具备高超的技能和经验，能够为文物提供最好的保护和维护。文物保护和策展之间虽然存在一定的冲突，但只要采取合理的措施和方法，就可以实现平衡与协调。只有这样，才能更好地保护和传承文化遗产，促进文化交流和知识传播。

第二节　策展中的文物保护考虑

随着社会的不断进步，人们生活水平的逐步提高，文化需求的地位逐渐凸显，并成为日常生活的重要组成部分。博物馆、展览馆等文化场所的繁荣发展，使得这些场所的参观人数逐年攀升。在这些文化场所的运营中，策展工作的重要性日益显现出来。在策展过程中，尤其是历史或艺术类的展览，文物保护是必须考虑的重要因素。

首先，需要了解文物保护在策展工作中的重要性。文物是历史和文化的载体，每一个文物都蕴含着独特的故事和价值。策展工作就是要把这些文物的价值挖掘出来，呈现给观众。如果文物在展览过程中受到损害，那么展览的意义就会大打折扣。因此，文物保护是策展工作的基础和前提。其次，需要考虑的是文物保护的措施。在策展过程中，要尽量避免文物受到物理和化学上的损害。例如，文物的存储环境、展出时的灯光、湿度等都需要严格控制。此外，对于一些容易受损的文物，还需要采用特殊的保护措施，如使用玻璃罩、缓冲材料等来防止文物的直接接触和碰撞。最后，需要认识到文物保护对于文化传承和发展的重要性。文物是国家和民族的宝贵财富，是历史和文化的见证。保护好文物就是保护好人类的历史和文化，让后代能够通过这些文物了解过去，传承优秀的历史文化。因此，文物保护不仅是策展工作的需要，更是人们对历史和文化的尊重和传承。文物保护在策展工作中具有极其重要的地位，只有充分认识到文物保护的重要性，采取有效的措施保护好文物，才能真正地呈现文物的价值，满足人们日益增长的文化需求，推动文化的传承和发展。

一、文物保护的必要性

文物，这些古老的遗物，不仅仅是历史的见证，更是文化的载体，是人类智慧的结晶。每一件文物，无论大小，都承载着一个时代、一个民族、一个社会的故事和历史。文物或反映了古代人们的生产生活方式，或体现了当时的艺术审美，或承载了重要的历史事件的信息。每一件文物都拥有其独特的历史、艺术、科学价值。这些价值不仅仅在于文物本身的价值，更在于文物所代表的那个时代、那个社会的历史价值。保护文物，就是保护人类的历史，保护人类的文化，保护人类的根和魂。这是因为文物不仅仅是历史的见证，更是人类身份认同和文化传承的重要来源。当人们站在一件古老的文物前，不仅仅是在欣赏它的美丽和工艺，更是在感受它所代表的那个时代、那个社会的生活方式和思想观念。这种感受和体验让人们更加深刻地理解历史和文化，更加坚定文化自信和身份认同。因此，保护文物不仅仅是文物保护工作者的责任，更是全社会的责任，需要通过各种方式来保护和传承这些珍贵的文化遗产，让后人也能感受到历史和文化，让人类的根和魂得以延续。

在策展过程中，对文物的保护主要体现在两个方面：一是防止文物的物理损伤，二是保护文物的背景信息。物理损伤主要是指对文物的触摸、摩擦、冲击等行为导致的文物表面或结构的破坏。例如，某些历史悠久的文物可能因为频繁的触摸或不当的展示方式而受到损害，导致其历史价值、艺术价值或科学价值受损。因此，为了确保文物的永久保存，策展人员必须采取一系列措施来防止这种情况的发生。背景信息保护是指保护文物背后的历史故事、文化内涵、科学价值等不被混淆或丢失。这些信息是文物的重要组成部分，一旦混淆或丢失，文物的历史意义和价值将受到严重损害。因此，策展人需要深入挖掘并准确理解文物的背景信息，通过合理的展示方式和解说词来传达这些信息，让观众能够更好地了解和欣赏文物。策展过程中对文物的保护是全方位的，不仅要关注文物的物理状况，还要深入挖掘并保护其背景信息。只有这样，才能确保文物的永久保存，让后人也能领略到其独特的魅力。

二、策展中文物保护的考虑因素

1. 了解文物的特性

在策展过程中，首先要对文物进行深入的了解，包括文物的材质、工艺、年代、用途等。这些信息的掌握，对于确定文物的价值至关重要。同时，这些细节的掌握，也能为制定合理的保护措施提供有力的依据。例如，对于那些易碎的瓷器，策展人需要特别注意防止文物受到碰撞；对于易氧化的金属器物，策展人需要精确控制展厅的湿度和温度；而对于字画等纸质文物，策展人需要采取的措施就更为细致了，需要防止紫外线对其造成损害。其次，为了确保文物在展出过程中得到最佳的保护，策展人还需要制订一系列周密的策展计划。这些计划应包括文物的运输、存储、展出和安全保障等方面的详细安排。同时，策展人还需要考虑到文物的历史和文化背景，以及文物可能涉及的政治、社会和宗教等因素。

在制订策展计划的过程中，策展人还需要与各个合作伙伴进行密切的沟通和协作。这包括博物馆、美术馆、科研机构等各个领域的专业人士。通过与相关人员的合作，策展人可以确保文物在展出过程中，得到最佳的保护和呈现效果；同时，也能借助相关人员的专业知识和经验，对文物的保护和展示提出更为中肯的建议和意见。了解文物的特性，制定合理的保护措施，是策展过程中不可或缺的重要环节。与合作伙伴的紧密合作，也是成功完成策展工作的关键因素之一。通过这些努力，策展人可以为观众带来难忘的文化之旅。

2. 合理的展示方式

文物的展示方式，对保护效果具有至关重要的影响。对于那些脆弱的文物，博物馆需要采取一些适当的支撑和防护措施，确保文物得到最佳的保护。例如，使用玻璃罩可以为文物提供一个安全的保护层，同时软质材料的隔离，可以减少文物与外界的直接接触，降低损坏的风险。为了确保文物的安全，展厅的环境因素如光照、湿度和温度都必须得到合理的控制。过强的光照可能会对文物造成不可逆转的损坏，而湿度和温度的变化则可能导致文物的老化。因此，对于这些环境因素，策展人需要通过科技手段进行精确调控，以防止文物在展示过程中受到任何损害。

此外，还需要对文物的存储和运输给予足够的重视。文物在移动或存储过程中，可能会因为操作不当或环境变化而受到损害。因此，需要制定一套完善的管理制度，并使用专业的文物包装和运输设备，以确保文物在移动过程中的安全。博物馆还需要加强对文物修复工作的重视。文物经过长时间的自然侵蚀或人为破坏，难免会受到不同程度的损坏。因此，应该加大对文物修复工作的投入，培养更多的专业修复人才，提高修复技术和设备水平，以确保文物能够得到及时、有效的修复。同时，还需要强化对文物市场的监管。由于文物具有极高的价值，因此很容易成为不法分子的目标，政府应该加强对文物市场的监管力度，严厉打击文物盗窃、贩卖等犯罪行为，防止文物流失和损坏。

对文物的保护和管理，需要全社会的共同努力。只有给予足够的重视，并采取有效的措施，才能确保文物的安全和完整，让这些珍贵的文化遗产得以传承和发扬光大。为了保护好这些珍贵的文化遗产，必须采取一系列有效的措施，从展示方式到环境控制，再到存储和运输，都要给予全方位的考虑和保护。只有这样，才能让更多的人有机会欣赏到这些精美的文物，同时确保文物能够永久地留存下去，为后代留下宝贵的文化遗产。

3. 规范的操作流程

在策展过程中，规范的操作流程至关重要，每一个环节都需要严格遵循操作规程，以确保文物的安全和保护。从文物的搬运、存储、展示到撤展，每一步都需要专业的知识和技能的支持，以确保文物在操作过程中不会受到物理损伤，避免任何可能导致文物破损或破坏的行为。同时，存储和展示环境也需要得到充分的考虑和调控，以避免文物在长时间展示过程中受到环境因素的影响，如湿度、温度、光照等，从而延长文物的寿命。因此，规范的操作流程是文物保护和展示的关键所在。

在策展过程中，规范的操作流程不仅对保护文物起着至关重要的作用，同时也是对历史和文化的尊重。从文物的搬运、存储、展示到撤展，每一步都需要严格按照操作规程进行，以确保文物的安全和完整。在文物搬运过程中，必须采取必要的预防措施，防止文物在运输过程中受到物理损伤。工作人员需要使用专业的文物包装工具和材料，如软质包装材料、泡沫板等，对文物进行妥善包装，以确保文物在运输过程中的安全。同时，在搬运过程中，工作人员还需要注意文物的摆放位置和受力情况，避免文物因受力不均而受到损害。在文物存储和展示过程中，环境因素对文物的保存状态有着极大的影响。因此，规范的策展流程，要求对文物的存储和展示环境进行严格的控制。例如，要确保文物存储环境的湿度、温度、光照等参数，严格符合文物保护要求，避免文物因环境因素而受到损害。同时，在文物展示过程中，策展人还需要根据文物的性质和特点，选择合适的展示方式和展示材料，确保文物在展示过程中不受环境因素的损害。

在撤展过程中，规范的策展流程，同样要求严格按照操作规程进行。工作人员需要按照规定的程序和步骤，将文物安全地从展示位置上取下，并进行必要的检查和维护。同时，在撤展过程中，还需要注意文物的摆放顺序和位置，避免文物在撤展过程中受到损害。规范的策展流程是文物保护和文化传承的重要保障，只有严格按照操作规程进行策展工作，才能确保文物的安全和完整，同时也才能够为观众提供更好的展览体验和服务。

4. 提升公众的文物保护意识

在策划和组织文物展览的过程中，除了采取严格的保护措施，确保文物在展示期间不受损害，还需要重视提高公众的文物保护意识。通过教育和宣传，可以帮助公众深入了解文物的历史价值、文化内涵以及保护的重要性，从而激发他们对文物保护的热情和责任感。通过各种渠道进行宣传，包括博物馆、学校、社区和网络等，可以普及文物保护知识，使更多的人了解文物的重要性和保护的必要性。同时，还可以通过举办专题讲座、展览以及相关的文化活动，使公众更加深入地了解文物的保护和传承工作。此外，还需要培养专业的文物保护人才，提高人员的专业素养和技术水平，以便更好地维护和修复文物。同时，对于青少年一代，也可以通过在学校开设文物保护课程和组织相关活动，培养学生的文物保护意识和责任感。

提升公众的文物保护意识，是保护文化遗产、弘扬优秀传统文化的重要途径。以下是一些具体的措施和案例。一是通过媒体、社交平台和教育机构等渠道，广泛传播文物保护的知识和重要性。例如，可以制作和播放相关的公益广告、微电影和宣传片，让公众了解文物对于一个国家、一个民族的历史、文化和艺术的重要性。同时，也可以在中小学和大学教育中增加文物保护的相关课程，提高年青一代的文物保护意识。二是通过举办文物展览、讲座、研讨会和互动体验活动等方式，让公众更直接地接触和了解文物，从而增强公众的文物保护意识。例如，可以在博物馆、图书馆和艺术馆等地，举办有关文物保护的展览，邀请专家学者举办讲座，组织公众参与文物修复和艺术品的创作等活动。三是鼓励公众参与文物保护工作，建立一支热心于文物保护的志愿者队伍。例如，可以组织志愿者参与文物的调查、挖掘和修复工作，也可以让公众成为文物保护的宣传员和监督员，帮助提高公众的文物保护意识。四是通过加强文物保护的法律法规宣传，让公众了解文物保护的法律责任和义务。同时，要严格惩处破坏文物的行为，让公众认识到文物保护的重要性。五是鼓励公众将个人收藏的文物捐赠给博物馆或相关机构，这既有利于文物的保护和利用，也能提高公众的文物保护意识。例如，可以设立捐赠奖励机制，对捐赠文物的公众进行表彰和奖励。六是利用现代科技手段，如虚拟现实（VR）、增强现实（AR）等，让公众可以更加直观地了解文物背后的故事和价值，同时也可以通过这些技术手段将文物的保护工作做得更好。例如，可以利用 VR 技术让公众体验文物修复的过程，或者利用 AR 技术让公众了解文物的历史背景和制作工艺等。

以上措施并非一次性能全部实施，需要长期坚持和持续推进。策展中的文物保护是一项复杂而重要的工作，不仅涉及文物的物理保护，还涉及对文物背景信息的保护。在进行策展工作时，需要充分了解文物的特性，选择合适的展示方式和规范的操作流程，并提升公众的文物保护意识。只有持续不断地提高公众的文物保护意识，才能真正实现文化遗产的有效保护和传承。这个观点强调了公众参与和文化保护意识的重要性。为了实现这一目标，博物馆需要采取一系列措施，包括加强宣传和教育，提高公众对文物价值的认识和重视程度，以及增强公众对文物保护的责任感和使命感。持续不断地提高公众的文物保护意识，也可以形成一种广泛的社会共识，使更多的人参与到文物保护事业中来。同时，还需要建立健全的法律法规体系，为文物保护工作提供强有力的法律保障。加强国际合作，共同应对全球性的文化遗产保护问题。持续不断地提高公众的文物保护意识，才能真正实现文化遗产的有效保护和传承。这不仅需要政府、专家学者的努力，也需要广大公众的积极参与和支持。

第三节　博物馆的可持续性与社会责任

一、博物馆的可持续性发展

博物馆，作为人类文明和文化遗产的重要守护者，肩负着神圣的使命，保护和传承着世世代代流传下来的宝贵遗产。在这个全球化的时代，博物馆正面临着如何实现可持续性发展的全球性讨论。这不仅关乎每一个博物馆的生存和未来，更关系到整个社会的可持续发展。博物馆作为文化的载体，扮演着至关重要的角色，不仅展示了人类的历史和艺术，还代表着当代社会的价值观和文化遗产。因此，博物馆的可持续发展不仅对保护和传承文化遗产有着重要的意义，也对促进社会进步和文明发展具有关键的作用。然而，随着全球社会经济的快速发展，博物馆也面临着前所未有的挑战。如何在保持传统的同时，适应时代的变化，满足公众的需求，实现自身的可持续发展，成为博物馆亟待解决的问题。对此，人们需要深入探讨和研究，寻找有效的解决方案。在这个问题上，需要更多的合作和交流。博物馆、政府、学术界、企业和社会公众都应共同努力，共同探索可持续发展的道路。加强合作、共享资源、创新发展模式等方式，可以为博物馆的可持续发展，创造出更多的机会和可能性。博物馆作为人类文明和文化遗产的重要守护者，也必须积极适应时代的变化，积极寻求创新和发展，以实现可持续性发展的目标。这不仅关乎每一个博物馆的未来，更关系到整个社会的可持续发展。

首先，博物馆的可持续发展，是指博物馆在保护和保存文化遗产的同时，也需要考虑到其对环境、经济和社会的影响。这种发展模式注重绿色环保，不仅在建筑和运营方面追求节能减排、减少环境污染，还致力于为社区提供有意义的文化和教育服务。博物馆的可持续发展，不仅关注文化遗产的保存，更注重与环境的和谐共存。这意味着博物馆需要采取一系列措施，合理减少对环境的影响，如使用可再生能源、减少废物产生、保护生物多样性等。同时，博物馆还需要在经济方面保持稳定和可持续性，通过创新经营模式和拓展收入来源来提高经济效益。在社区方面，博物馆需要积极参与到社区文化活动中，为社区居民提供有意义的文化和教育服务。这不仅可以增强博物馆与社区的联系，还可以提高公众对博物馆的认知度和参与度。然而，博物馆在实现可持续发展的过程中，也会面临着一些挑战。资金压力是博物馆面临的主要问题之一。由于博物馆的运营成本较高，而收入来源相对单一，因此需要寻求政府、企业和个人的支持来筹集资金。技术更新也是博物馆需要面对的问题之一。随着科技的不断发展，博物馆需要不断更新展品、设备和系统以保持其吸引力和竞争力。公众参与度也是博物馆需要考虑的问题之一。为了吸引更多的观众和参与者，博物馆需要不断改进展览和服务，提高公众的满意度和参与度。在保护和保存文化遗产的同时，博物馆还需要考虑到环境、经济和社会的影响。通过采取一系列措施，博物馆可以减少对环境的影响，提高经济效益，积极参与社区文化活动。博物馆还需要面对资金压力、技术更新和公众参与度等挑战。

其次，博物馆的可持续性发展现状令人担忧。尽管许多博物馆在努力克服资金短缺、运营效率低下、公众参与度不高等问题，但仍然面临着诸多挑战。同时，随着全球气候变化和环境问题的加剧，博物馆的建筑和运营，也需要采取更多的环保措施，这无疑增加了博物馆的运营压力，使得博物馆的可持续发展更加困难。为了解决这些问题，博物馆需要积极寻求创新和变革，可以通过与政府、企业和公众合作，寻求资金支持，提高运营效率，增加公众参与度。同时，博物馆也应该注重环保措施，采用可持续的建筑设计和材料，减少能源消耗和碳排放，确保博物馆的运营对环境的影响降到最低。只有这样，博物馆才能够实现可持续发展，更好地保护和传承人类文化遗产。

然而，这也为博物馆带来了新的发展机遇。通过持续的创新和深入的改革，博物馆可以更好地融入周边社区，与公众建立更为紧密的联系，为公众提供更丰富、更有意义的文化服务。这些创新和改革，可以包括采用现代化的展览方式、推广多元化的文化活动，以及提供更便捷的观众服务等。通过这些举措，博物馆能够满足公众不断增长的文化需求，丰富公众的精神生活，促进社区的繁荣与发展。同时，博物馆通过实施一系列环保措施，如节能减排、资源循环利用、减少废弃物等，可以显著减少对环境的影响，实现绿色运营。这不仅有利于保护环境，还能为观众提供一个更加健康、环保的参观环境，提升公众的参观体验。此外，博物馆还可以借此机会推广环保理念，教育公众关注环境保护，共同为地球的可持续发展做出贡献。

二、博物馆的可持续性发展战略

博物馆，作为人类文化遗产的守护者和传承者，对人类历史的延续和文化的繁荣起着至关重要的作用。在全球环境问题日益严重的背景下，可持续性发展成为各行各业的重要议题，博物馆也不例外。近年来，随着社会对环境保护和可持续性发展的关注度不断提高，博物馆的运营策略也面临着新的挑战：不仅要满足游客的需求，还要考虑如何在保护环境的同时，实现博物馆的长期发展。这就需要博物馆采取一系列的措施，包括优化资源配置、提高能源效率、加强社区参与等，以实现其可持续性发展目标。

1. 优化资源配置

博物馆的运营确实需要大量的资源。这些资源包括但不限于专业的工作人员、安全措施所需的物资和设备以及维持博物馆日常运营的经费等。为了确保博物馆的长期稳定发展，优化资源配置和提高资源利用效率是必不可少的。为了实现这一目标，博物馆可以采取多种措施。首先，合理安排开放时间可以减少能源的浪费。例如，根据目标受众的参观时间，可以设定特定的开放时间段，这样既可以满足游客的需求，又可以减少因长时间开放而产生的能源消耗。其次，精简人员也是一种有效的方法。通过合理安排工作人员的工作任务和工作时间，可以避免人力资源的浪费，同时也能减少相应的薪资和福利支出。最后，采用节能设备也是降低资源消耗的重要手段。例如，使用 LED 灯具和高效的空调系统，可以显著降低电力消耗，同时也能减少维护和更换设备的成本。

此外，博物馆还可以通过多种方式获取资源，例如举办特展、开展教育活动、推出文创产品等。这些活动不仅可以增加博物馆的收入，还可以提高观众的参与度和满意度。博物馆作为文化传承的重要场所，其运营和发展需要不断的资源和资金支持。除了传统的门票收入和政府拨款，博物馆还可以通过多种方式获取资源，例如举办特展、开展教育活动、推出文创产品等。

在举办特展方面，博物馆可以通过与相关机构合作，引进国内外优秀的展览，为观众呈现更加丰富多彩的文化内容。同时，博物馆还可以通过开展教育活动，如讲座、互动体验、亲子活动等，增加观众的参与度和黏性，提高观众对博物馆文化的认知和理解。博物馆还可以通过推出文创产品来增加收入和提升品牌形象。文创产品不仅可以满足观众的购买需求，还可以通过产品的设计和宣传，传递博物馆的文化价值和特色，进一步增强观众对博物馆的认知和信任。在优化资源配置方面，博物馆可以采用现代化的技术手段，如智能化管理、数据分析等，提高管理效率和决策水平。例如，通过智能化管理系统，博物馆可以实时监测观众流量、开放时间、设备运行等情况，及时调整运营策略，提高运营效率。这些活动不仅可以增加博物馆的收入，还可以提高观众的参与度和满意度，进一步推动文化传承和发展。

故宫博物院是中国最大的博物馆之一，以其丰富的历史文化和独特的文创产品而备受瞩目。近年来，故宫博物院在文创产品开发方面，取得了显著的成功，不仅提高了它的知名度和收入，还为传播中华文化、提升品牌形象做出了重要贡献。故宫博物院文创产品的成功，得益于以下几个方面。（1）深入挖掘文化价值。故宫博物院拥有丰富的历史文化资源，文创产品以其文物和历史事件为素材，通过创意设计，将传统文化元素与现代审美相结合，开发出独具特色的文创产品。例如，以清朝宫廷人物为原型，设计出具有现代感的T恤、帽子和背包等时尚用品，既满足了年轻人的审美需求，也传递了中华文化的价值。（2）进行创新设计。故宫博物院的文创产品注重创新和设计，开发团队由专业的设计师和艺术家组成。相关人员通过对文物和历史的研究，将文化元素巧妙地融入到产品设计中。同时，结合现代科技和工艺，实现产品的多样性和独特性，使文创产品成为传播文化的有力载体。（3）多样化的产品线。故宫博物院的文创产品涵盖了多个领域，包括生活用品、文具、家居装饰、珠宝首饰等。多样化的产品线满足了不同观众的需求，也为故宫博物院带来了更多的收入来源。（4）树立良好的品牌形象。故宫博物院在文创产品的开发和推广中，注重维护品牌形象。产品材质选择上乘，制作精良，保证产品质量。同时，通过与知名品牌合作、参加国际展览等方式，提升品牌知名度和影响力。良好的品牌形象，增强了观众对故宫博物院的认知和信任，也为文创产品的销售提供了有力保障。故宫博物院文创产品的成功经验也表明，博物馆可以通过深入挖掘文化价值、创新设计、多样化的产品线和良好的品牌形象等方式，提升品牌形象，增加收入，增强观众的认知和信任。这些经验对于其他博物馆在文创产品开发方面，也具有重要的借鉴意义。

西安博物院在文创产品的开发方面，也有着丰富的经验和创新的精神。它不仅挖掘文化内涵，讲好文物背后的故事，做好文物活化，还积极开发文创产品，满足公众的文化消费需求。西安博物院在文创开发方面，已经探索出了一条成功的道路，通过与各类机构合作，开发出了一系列富有特色的文创产品。例如，与艺术家合作，开发出了以唐代金凤饰件为设计灵感的粉彩错金银虎啸凤吟系列；与工匠合作，打造了月宫铜镜系列首饰，以及马上祝福及民间高手系列等。这些文创产品不仅具有实用性和美观性，还充分体现了西安博物院的特色和风格。同时，西安博物院还通过线上和线下渠道进行销售，为公众提供了更多的购买选择。此外，西安博物院还不断探索新的文创开发模式。例如，还通过与影视剧、游戏等领域的合作，打造了数字文创、传统节日系列等文创产品。总的来说，西安博物院在文创产品的开发方面，不仅注重产品的质量和设计，还积极探索新的开发模式和渠道，为公众提供了更多的文化消费选择，也为文化传承和发展做出了积极的贡献。

2. 提高能源效率

提高能源效率无疑是博物馆实现可持续性发展的关键手段。为了实现这一目标，博物馆可以采取一系列切实可行的措施。可以积极采用先进的节能设备，将高效电机、节能灯具和低流量水龙头等设备，引入到博物馆的日常运营中。还可以优化照明系统，通过采用 LED 灯、感应灯等高效照明解决方案，减少不必要的能源消耗。提高空调系统效率也是减少能源消耗的重要途径，博物馆可以通过采用高效空调系统和智能控制技术，实现对室内温度的精确控制，避免浪费。

　　除了这些具体的措施外，博物馆还可以积极推广可再生能源的使用，以减少对化石能源的依赖。例如，可以利用太阳能和风能等可再生能源来供电和供暖。这些措施不仅有助于减少能源消耗，还有助于降低碳排放，保护环境。

　　通过采用节能设备、优化照明系统、提高空调系统效率等方式，博物馆可以减少能源消耗；通过积极推广可再生能源的使用，也可以进一步降低对化石能源的依赖，为实现可持续发展目标做出贡献。此外，博物馆还可以通过其他措施提高能源效率。例如，可以加强设备的维护和保养，减少设备的损坏和维修次数，从而减少能源的浪费。还可以采用智能化的能源管理系统，对博物馆内的能源使用情况，进行实时监测和管理，确保能源的合理使用。在推广可再生能源方面，博物馆可以采用太阳能发电系统，利用太阳能电池板将太阳能转化为电能，以减少对电力的需求。同时，博物馆还可以采用风能发电系统，利用风力发电机将风能转化为电能，以减少对化石能源的依赖。这些措施不仅可以提高能源效率，还可以为博物馆带来经济效益和环保效益。

　　以荷兰国家博物馆为例。该博物馆通过实施"绿色行动计划"，实现了环保和可持续性发展。该计划包括能源效率提高、水资源节约、废物减少等环保措施，以及提高公众参与度的活动策划。这些措施不仅帮助博物馆提高了运营效率，也赢得了公众的好评和信任。

　　此外，一些创新性的运营模式，也为博物馆的可持续性发展提供了新的思路。例如，"合作共赢"模式，博物馆与当地企业、社区进行合作，提供资金和人力资源的支持；或者"共享经济"模式，博物馆将部分藏品或设施共享给公众或企业使用，以实现资源的最大化利用。

　　博物馆的可持续性发展是一个复杂而又紧迫的问题，通过创新和改革，可以实现博物馆的经济、社会和环境效益的最大化。在这个过程中，需要每一个人的参与和支持，因为这不仅关乎博物馆的未来，也关乎每一个人的未来。

3. 加强社区参与

博物馆是一个重要的社区服务机构，承载着传承历史文化、促进社会交流的责任。为了更好地与社区紧密联系，博物馆需要不断加强与社区的互动和参与。通过举办各类文化活动、教育展览以及策划社会教育项目等方式，博物馆可以有效地提高社区居民对自身的认知度和参与度。这些文化活动可以是历史事件的纪念活动、艺术展览、讲座等，能够吸引不同年龄段的社区居民前来参观和参与。同时，博物馆还可以通过教育展览，向社区居民普及历史、文化、艺术等方面的知识，提高公众的文化素养。为了更有效地推广博物馆的品牌形象和服务，博物馆可以邀请社区居民参与博物馆的决策和管理。通过开展座谈会、听证会以及公开征集意见等活动，博物馆可以了解社区居民的需求和意见，从而更好地调整和完善自身的运营和服务。

通过加强与社区的互动和参与，博物馆不仅可以提高自身的知名度和品牌形象，更可以提高运营效率和服务质量。同时，社区居民也可以从中获得更多的文化享受，以及参与社会建设的成就感。因此，博物馆与社区的互动和参与是双赢的，可以为双方带来更多的发展机遇和价值。例如，某市文化博物馆开展社区讲座活动。这个博物馆定期组织面向社区居民的讲座活动，邀请专业人士和学者分享相关领域的知识和经验。通过这些讲座，社区居民可以在博物馆舒适的环境中，接触到高水平的文化教育资源。这个活动得到了社区居民的积极参与和认可，有效提升了博物馆在社区中的影响力。除此之外，还有四川博物院的"川博红，志同行"——流动博物馆志愿服务项目案例、成都金沙遗址博物馆的"飞进社区的太阳神鸟"志愿服务项目案例、成都武侯祠博物馆的"孔明送东风"文化志愿服务项目案例。

三、实施策略和建议

1. 制定明确的可持续性发展目标

博物馆需要制定明确的可持续性发展目标，以确保未来的可持续发展。

这些目标需要考虑到环境保护、社会责任和经济可行性等方面，并且需要与博物馆的长期战略规划相结合。在制定这些目标时，博物馆需要充分考虑自身的特点和需求，确保目标的实际可行性和可操作性。为了确保目标的顺利实现，博物馆需要制定相应的实施计划和措施。这些计划和措施需要包括具体的行动方案、时间表和责任人，以确保每个环节都得到有效的执行。同时，博物馆还需要建立一套有效的监测和评估机制，及时发现和解决实施过程中出现的问题和挑战。

博物馆作为文化传承和社会教育的载体，应当积极参与到可持续性发展的实践中来。通过制定明确的可持续性发展目标和实施计划，博物馆可以为实现未来的可持续发展做出积极的贡献。

2. 加强人才培养和管理

博物馆需要加强人才培养和管理，提高员工的专业素质和服务意识。为了实现这一目标，首先，通过定期的培训计划，为员工提供各种专业技能和管理技能的培训，以提升人员的专业素质。这些培训可以包括文物保管、展览策划、观众服务等方面，使员工能够更好地理解和执行博物馆的工作。其次，通过交流学习的方式，让员工分享各自的经验和知识，以开阔人员的视野和增加人员的经验。这包括与其他博物馆的交流、参加行业会议和研讨会等，使员工能够了解行业最新的趋势和发展。同时，博物馆需要建立完善的人才激励机制，以吸引和留住优秀的人才。这包括提供良好的工作环境、合理的薪酬待遇、职业发展机会等，使员工能够感到自己的价值和贡献得到了认可。

通过以上措施的实施，博物馆可以有效地提高员工的专业素质和服务意识，为观众提供更好的服务和参观体验。同时，也可以增强博物馆的竞争力和吸引力，为博物馆的长远发展打下坚实的基础。

3. 加强与政府和企业的合作

博物馆需要加强与政府和企业的合作，以获得更多的支持和资源。为了实现这一目标，博物馆可以采取多种措施。首先，博物馆可以通过与政府和企业签订合作协议的方式，建立稳定的合作关系，共同推动文化事业的发展。合作协议可以明确双方的权利和义务，确保双方能够真诚合作，共同实现目标。其次，博物馆可以通过与政府和企业共同举办活动的方式，实现资源共享和优势互补。政府和企业往往拥有丰富的资源和优势，如资金、场地、人员等，可以为博物馆提供有力的支持和帮助。同时，博物馆也可以利用自身的文化资源和优势，为政府和企业提供文化服务，促进文化交流和合作。此外，博物馆还可以通过与媒体合作的方式，提高自身的知名度和影响力。媒体是信息传播的重要渠道，具有广泛的社会覆盖面和影响力。博物馆可以通过与媒体合作，发布有关展览、活动、研究成果等信息，吸引更多的观众前来参观和学习。同时，博物馆还可以借助媒体的力量，加强与社会各界的联系和沟通，促进文化交流和合作。

未来，随着科技的进步和社会的发展，博物馆的运营模式和管理手段也将不断创新和发展。相信在各方的共同努力下，博物馆必将在保护人类文化遗产、传承人类文明等方面，发挥更加重要的作用。

四、社会责任与博物馆的关系

博物馆，作为社会的重要文化机构，承载着保护、传承和展示人类文明的重要使命。它通过收藏、研究、展示，为公众提供了一个了解历史、艺术和文化的重要平台。然而，博物馆并不仅仅是一个文化机构，它还承担着社会责任。首先，博物馆的社会责任在于传承和保护人类文化遗产。博物馆的收藏品是人类历史和文化的重要载体，对于研究人类文明的发展具有不可替代的价值。博物馆通过妥善保管和科学维护这些收藏品，使得后代能够了解和欣赏到这些文化遗产的魅力。同时，博物馆还通过开展研究、举办展览、出版刊物等方式，推动文化遗产的研究和传播，进一步丰富人们对人类文明的认知。其次，博物馆的社会责任还在于为社会提供公共服务。博物馆作为一个公共场所，应当为所有社会成员提供均等的文化服务。比如通过举办各类教育活动、社区项目和特别展览，满足不同人群的需求，提高公众的文化素养和生活质量。同时，博物馆还通过开展社会参与项目，鼓励公众参与到文化遗产的保护和传承中来，增强公众的文化认同感和归属感。

为了更好地履行社会责任，博物馆需要与社区建立紧密的合作关系，需要了解社区的需求和期望，以便更好地为其提供服务。同时，博物馆还需要与政府、非政府组织和企业建立良好的关系，共同推动文化遗产的保护和传承。此外，博物馆还需要加强内部管理，提高员工的职业素养和服务意识，确保为公众提供高质量的文化服务。

在社会责任的履行方面，一些博物馆已经取得了显著的成果。例如，一些博物馆通过开展社区项目，提高了公众对文化遗产的认识和保护意识。还有一些博物馆通过与政府和非政府组织合作，成功地保护了一些濒危的文化遗产。这些成功的案例为其他博物馆提供了宝贵的经验和借鉴。然而，也有一些博物馆在履行社会责任方面存在不足。例如，一些博物馆的服务意识不强，对公众的需求和期望缺乏了解和关注。还有一些博物馆在开展社区项目时，缺乏与社区的沟通和合作，导致项目的实施效果不佳。为了解决这些问题，博物馆需要加强内部管理，提高员工的服务意识和沟通能力，同时加强与社区的合作，确保项目的顺利实施。

五、博物馆的可持续性与社会责任

随着社会对文化和历史的重视程度日益提高，博物馆作为保存和传播这些宝贵遗产的重要载体，其角色和影响力也在不断扩大。与此同时，博物馆的运营和管理，也面临着诸多挑战。其中，如何实现自身的可持续性发展，正确履行社会责任，已经成为当下博物馆界关注的焦点。

环境保护与资源利用。博物馆应致力于环境保护和资源高效利用。这包括采用绿色建筑设计和材料，减少能源消耗，以及实施废弃物分类和回收利用等措施。为了实现这一目标，应该采取一系列措施。博物馆应该采用绿色建筑设计和材料，以确保建筑物对环境的影响最小化。绿色建筑设计通常包括使用可再生资源、节能设备和绿色建材等。博物馆应该努力减少能源消耗，这可以通过安装节能设备、改进照明系统、提高空调效率等方式实现。此外，博物馆还可以采用可再生能源，如太阳能和风能，以减少对化石燃料的依赖。在资源高效利用方面，博物馆可以实施废弃物分类和回收利用等措施。这包括对不同类型的垃圾进行分类，以便于回收和再利用。博物馆还可以鼓励员工和参观者参与废弃物回收计划，提高资源利用效率。这些有助于提高博物馆的可持续性，增强其社会责任感。

文化传承与创新。博物馆在文化遗产保护和传承方面，扮演着至关重要的角色。作为文化和历史的守护者，博物馆应该积极采取措施，确保这些珍贵的文化遗产得到充分的保护和传承。这包括采用先进的科技手段，如利用人工智能技术进行数据采集、整理和保管，以确保文物的安全和长久保存。同时，博物馆也应该鼓励创新，为文化遗产的发扬光大注入新的活力。通过与艺术家、文化机构和科技公司等合作，共同探索新的展示方式和传播途径，如虚拟现实、增强现实和互联网平台等，博物馆可以吸引更多的观众和听众，让观众能够身临其境地感受文化遗产的魅力。在这个过程中，博物馆需要保持开放的心态，勇于尝试新的创意和想法；同时，还需要关注文化遗产的内涵和价值，确保在创新过程中不失去其本源和灵魂。通过这样的方式，博物馆可以更好地履行其文化使命，为人类的文化繁荣做出贡献。

社区参与与合作。博物馆应该积极加强与当地社区的联系和合作，通过参与各种社区活动，提升自身的形象和知名度，从而吸引更多的观众前来参观。这些活动可以包括文化节、艺术展览、讲座、亲子活动等，不仅可以增加博物馆与社区的互动，还可以让更多的人了解博物馆的藏品和历史文化。通过与当地社区的合作，博物馆可以更好地融入社会，提高社会影响力，为观众提供更好的服务和体验。

六、博物馆的社会责任

1. 教育和启示

博物馆作为社会教育的重要组成部分，具有教育和启示的功能，应该充分发挥其教育功能，借助展览、活动和互动项目等多样化的形式，向公众传递广泛的知识和价值观。这些展览和活动通常涵盖了历史、文化、艺术、自然等多个领域，能够让公众更直观地了解和认识人类文明和自然环境的多样性。同时，博物馆还可以通过互动项目，如模拟考古现场、动手制作文物复制品等，让公众亲身参与其中，增强对知识和文化的体验和感知。这些活动不仅可以让公众在轻松愉快的氛围中学习知识，还可以提高公众的文化素养和审美水平。因此，博物馆应该积极发挥其教育功能，为社会进步和发展做出积极的贡献。

2. 促进社会对话

博物馆作为社会文化的载体，应该积极搭建一个平台，使得来自不同背景和文化的人们，能够在这个平台上进行相互交流和理解。通过这样的平台，人们可以更好地了解和欣赏各种文化的独特之处，并增进彼此之间的认识和信任。此外，博物馆还可以通过组织相关活动和展览，邀请专家学者举办讲座和交流活动，为公众提供更多学习和交流的机会，进一步促进文化的交流和理解。因此，博物馆在搭建平台促进文化交流方面，扮演着非常重要的角色。

3. 公益与公平

博物馆应关注弱势群体，为其提供参观便利和相关服务，践行公益和公平原则。博物馆作为社会公共文化服务的重要机构，应该积极关注弱势群体的需求，秉持着公益和公平原则，为其提供参观便利和相关服务。这些弱势群体包括老年人、残疾人、贫困人群等，他们可能因为身体、经济或其他原因，面临参观博物馆的困难。因此，博物馆应该采取措施，为其提供适当的帮助和便利，确保相关人员能够充分享受博物馆的文化和历史遗产。具体来说，博物馆可以提供以下服务。

一是残疾人通道和设施。博物馆应该为残疾人提供无障碍的参观通道和设施，以确保他们能够方便、舒适地参观博物馆。这些无障碍设施包括轮椅、盲杖、助听器等，以及专门为残疾人设计的展览和活动。这些措施旨在让残疾人能够更好地融入博物馆，欣赏展览，参与活动，并获得更好的参观体验。通过这些无障碍设施和服务，博物馆可以展示对残疾人的关注和尊重，提高他们的生活质量，促进社会和谐和社会进步。

二是老年人优待。博物馆可以针对老年人提供优惠门票、专人导览、休息区域等优待措施，以确保老年人在参观过程中得到充分的照顾和关爱。这些措施不仅体现了博物馆对老年人的关注和尊重，也有助于提高老年人的参观体验和生活质量。比如优惠门票是博物馆为老年人提供的一项重要优待措施。老年人通常在经济上相对较为拮据，因此提供优惠门票，能够帮助其更好地享受参观博物馆的乐趣，同时也有利于提高老年人的文化生活品质。另外，专人导览也是博物馆为老年人提供的一项非常贴心的服务。老年人参观博物馆时，往往需要更多的帮助和指导，因此博物馆需要安排专人导览，为老年人提供详细的讲解和引导，帮助其更好地了解和欣赏展品，增强参观体验。休息区域是博物馆为老年人提供的重要休息场所。老年人在参观博物馆时，由于身体原因可能会感到疲劳，此时提供专门的休息区域，让老年人能够随时休息，缓解疲劳，更好地继续参观。博物馆针对老年人提供优惠门票、专人导览、休息区域等优待措施，确保老年人在参观过程中得到充分的照顾和关爱。这些措施不仅体现了博物馆对老年人的关注和尊重，也有助于提高老年人的参观体验，有利于提高其生活质量。

三是贫困人群的免费参观。博物馆作为社会公共文化机构，有着丰富的文化历史资源，可以为公众提供重要的文化体验和学习机会。为了让贫困人群也能够享受到这些机会，博物馆可以采取免费或优惠门票的政策，以增加贫困人群接触文化历史的机会。这样的举措不仅能够让贫困人群得到实际的文化福利，也能够促进社会公平和公益事业的发展。通过这样的方式，博物馆可以更好地践行公益原则，为社会的可持续发展做出贡献。

四是家庭和团体优惠。对于以家庭或团体形式参观的观众，博物馆可以提供诱人的优惠措施，例如给予一定的折扣、提供免费导览等，以激发更多家庭和团体前来参观的热情和动力。通过这些优惠措施，博物馆可以吸引更多的观众，提高其知名度和影响力，同时也能为观众带来更加全面和丰富的参观体验。

五是志愿者服务。博物馆可以招募志愿者，为弱势群体提供专门的帮助和服务，例如语言翻译、导览讲解等，以确保相关人员在参观过程中，能够得到更好的体验和理解。这些志愿者不仅具备专业的技能和知识，还能够用温暖和善意，去关注每一个参观者的需求，为其提供个性化的参观服务。通过这种方式，博物馆不仅能够为参观者提供更好的体验，还能够进一步增强其社会责任感和公益形象。

通过以上措施的落实，博物馆能够更好地关注大部分群体，提供更加公平和公益的文化服务，促进社会和谐与进步。

七、实现可持续性与社会责任的建议

1. 制订长期战略规划

博物馆应该制订一份全面的战略规划，明确自身的发展目标、使命和价值观。这份规划应该充分考虑博物馆的特点和实际情况，结合国内外博物馆发展的趋势，对博物馆的未来发展进行全面、系统、科学的规划和布局。在制定发展目标时，博物馆应该充分考虑自身的优势和劣势，以及外部环境的机会和挑战。发展目标不仅要有经济指标，更要关注社会效益和环境效益，注重实现可持续性的发展。同时，博物馆还应该明确自身的使命和价值观，从而更好地履行社会责任，提升社会形象和影响力。在实现可持续性的同时，博物馆还应该注重提高运营效率和管理水平。通过优化管理流程、提高服务质量、加强内部管理等方式，博物馆可以降低运营成本，提高资源利用效率，实现经济效益和社会效益的双赢。

博物馆作为文化传承的重要载体，肩负着推动文化事业发展的重任。在制订战略规划时，博物馆需要明确自身的定位和发展方向，充分考虑自身的特点和优势，制定出符合实际情况的发展目标。同时，博物馆还需要明确自身的使命和价值观，坚持以人民为中心的发展思想，注重文化传承与创新，为观众提供更加优质的文化服务。博物馆制订全面的战略规划是确保实现可持续发展的关键。通过采取有效的措施，提高运营效率和管理水平，博物馆可以更好地履行社会责任，提升社会形象和影响力，为文化事业的发展做出更大的贡献。同时，博物馆还需要加强内部管理，完善各项制度，规范工作流程，提高工作效率；注重人才队伍建设，加强人才培养和引进，提高员工的专业素质和服务意识；注重数字化建设，利用现代科技手段提高服务质量和效率。博物馆不仅需要关注自身的经济效益，更需要关注社会效益和文化传承价值。通过开展丰富多彩的文化活动、推出具有特色的展览、加强与社区的互动等方式，博物馆可以更好地满足观众的需求，促进文化事业的繁荣发展。

2. 加强内部管理

博物馆作为传承历史文化的殿堂，其独特的社会价值不仅仅体现在其收藏的文物和展品上，更体现在其管理和服务上。为了更好地服务于社会公众，博物馆应该以更加高效、规范、科学的管理方式来运营，优化内部管理机制，提高整体运营效率。在内部管理方面，博物馆应该精简流程，减少不必要的环节和人力浪费。例如，可以优化展览策划和布展的流程，缩短展览周期，提高展览的频率和更新率。同时，博物馆应该提高决策效率，对于重大决策和紧急情况，能够迅速做出反应和决策，确保博物馆的正常运营。此外，博物馆应该加强部门间的沟通与协作，打破信息孤岛现象，实现信息共享和资源整合。例如，展览策划部门可以与文物保管部门、科研部门等加强沟通，共同策划展览方案，实现文物资源的最大化利用，促进价值最大化的呈现。同时，博物馆应该注重员工培训和管理，提高员工的专业素质和服务意识，为观众提供更好的参观体验和服务。

通过优化内部管理机制和提高整体运营效率，博物馆不仅可以降低不必要的成本，还可以更好地履行其社会责任，为社会文化的发展做出更大的贡献。博物馆是社会文化的重要组成部分，其管理和服务的质量，会直接关系到社会公众的利益和文化发展。因此，博物馆应该不断加强内部管理，提高运营效率和服务质量，全面推动社会文化的良好发展。

3. 拓展合作伙伴关系

博物馆应该积极寻求与其他机构、企业和社区的合作机会，以共同推动文化传承和社会发展。这种合作不仅有助于提高博物馆的知名度和影响力，还可以通过共享资源、技术和经验，增强其展览和教育活动的效果。此外，博物馆与其他机构的合作，还可以促进不同文化之间的交流和理解，有助于维护和传承文化遗产。通过与企业和社区的合作，博物馆还可以更好地了解社会需求和趋势，从而调整展览和教育活动的内容和形式，以便更好地满足公众的需求。

博物馆可以通过以下几种方式，有效拓宽合作伙伴的关系。

一是确定合作伙伴。博物馆可以寻找与自己业务相关、能够提供互补资源的组织，建立合作伙伴关系。例如，可以与当地的艺术机构、文化组织、社区团体、教育机构、企业等建立合作关系。

二是制订合作计划。在确定合作伙伴后，博物馆可以与其共同制订具体的合作计划，明确合作目标、任务、时间表和预算等。这些计划可以包括联合举办展览、开展教育活动、进行社区项目、开发文创产品等。

三是建立信任关系。博物馆和合作伙伴之间需要建立互信和尊重的关系，博物馆应该尊重合作伙伴的意见、需求和利益，同时合作伙伴也应该对博物馆的支持和帮助，表示感谢和尊重。

四是定期沟通和评估。博物馆和合作伙伴应该定期进行沟通和评估，了解合作进展情况，解决遇到的问题，分享经验和最佳实践。同时，也可以邀请合作伙伴参观博物馆，了解博物馆的业务和运营情况。

五是促进持续发展。博物馆和合作伙伴之间的关系需要持续发展，在合作结束后，博物馆可以与合作伙伴保持联系，寻找新的合作机会。同时，博物馆也可以与其他组织建立新的合作伙伴关系，以不断拓宽合作伙伴的圈子。这样可以为博物馆带来更多的资源和支持，促进其业务发展。

4. 提升公众意识

博物馆应通过各种渠道加强宣传和教育，提高公众对文化遗产保护和可持续发展的认识和重视程度。提升公众意识，对博物馆开展相关活动有积极影响，博物馆应该通过各种渠道，如社交媒体、官方网站、宣传册等，加强宣传和教育，提高公众对文化遗产保护和可持续发展的认识和重视程度。这些措施可以包括定期举办相关主题展览、讲座、研讨会等活动，邀请专家学者进行讲解和分享。此外，博物馆还可以通过与学校、社区等机构合作，开展相关的教育和宣传活动，扩大影响范围，让更多的人了解和关注文化遗产保护和可持续发展。通过这些措施的实施，博物馆可以更好地履行其社会职责，促进文化遗产的保护和传承，推动社会的可持续发展。

博物馆可以通过以下几种方式，显著提升公众意识。

一是举办贴近公众生活的展览。博物馆作为文化的重要载体，可以通过策划一些贴近公众生活的展览，吸引更多的观众前来参观。这些展览的主题可以涵盖当地的历史、文化、艺术等方方面面，让公众更好地了解自己所在城市和地区的多彩文化。通过举办这些展览，博物馆可以为公众提供一个更加深入了解本土历史和文化的机会，从而增强公众对本土文化的认知和归属感。此外，这些展览还可以为当地旅游业注入新的活力，吸引更多的游客前来参观，进一步推动当地经济的发展。

二是增加互动性。博物馆可以通过增加互动性，吸引更多的观众参与，因为这样可以使得展览更加有趣、生动。例如，博物馆可以设置一些互动展示，让观众能够亲身体验展览内容，感受到展览的趣味性。同时，博物馆还可以设置互动游戏，让观众在游戏中了解展览内容，从而更加深入地了解历史文化。此外，博物馆还可以提供 DIY 手工制作等活动，让观众自己动手制作一些有趣的手工艺品，这样不仅可以提高观众的参与度和兴趣，还可以增加观众对展览内容的了解和认识。

三是举办公益讲座和活动。博物馆可以通过举办公益讲座和活动来吸引更多的公众参与。这些活动内容丰富多样，例如免费讲解、文物鉴赏、文化交流等。通过这些活动，博物馆可以为公众提供更加深入、全面的文物和历史知识，帮助公众更好地了解和认识文物和历史文化。同时，这些公益讲座和活动，也可以提高公众的文化素养和鉴赏能力。在文物鉴赏环节，公众可以亲身感受到文物的价值和魅力，从而增强对文物的认识和理解。在文化交流环节，公众可以与专家学者或其他文化爱好者进行交流和分享，了解不同的文化背景和观点，从而拓宽自己的文化视野。

四是利用新媒体宣传。博物馆可以利用各种新媒体平台，如微博、微信、抖音等，来宣传自己的展览和活动。通过发布精美的图片、引人入胜的视频、富有深度的文章等信息，博物馆可以让更多的公众了解博物馆的展览和活动，进一步拓展受众群体，提高知名度。同时，新媒体平台还提供了互动交流的功能，博物馆可以通过这些平台与公众进行互动交流，及时获取公众的反馈和建议，不断改进服务质量和提升用户体验。

五是合作与联动。博物馆可以通过与其他机构、企业进行紧密的联动与合作，共同策划和推广一系列富有文化、艺术、历史等主题的活动。这种合作方式，不仅可以增强博物馆的影响力和受众范围，更能够提高公众对文化、艺术、历史等方面的认识和了解。通过与其他机构的合作，博物馆可以借助合作伙伴的专业知识和资源，共同打造更加丰富多彩的活动。这些活动可以包括展览、讲座、研讨会、文艺演出等多种形式，从而吸引更多的观众参与其中。同时，博物馆还可以通过与企业合作，将文化、艺术、历史等元素与商业相结合，开发出更具创意和特色的产品和服务，进一步扩大博物馆的影响力和受众范围。此外，博物馆通过与其他机构、企业的合作，还可以实现资源共享和优势互补。合作伙伴可以提供资金、场地、人力资源等方面的支持，帮助博物馆解决一些实际困难和问题。博物馆也可以通过与其他机构的合作，将自身的资源和优势与合作伙伴进行共享和整合，共同实现更大的价值和效益。

5. 创新与适应变化

博物馆应该保持开放和创新的态度，不断适应社会变化和需求，以实现可持续性和社会责任的双重目标。为了实现这一目标，博物馆需要采取一系列措施，包括但不限于以下几点。

一是积极运用新技术和新的展示方式，以吸引更多的观众和游客。例如，通过采用最先进的虚拟现实和增强现实技术，可以让观众沉浸在展品和历史文化的深厚底蕴中，体验到前所未有的深度和真实感。这种全新的互动体验，不仅可以激发观众的兴趣和好奇心，还能让观众更加深入地了解和感受到展品和历史文化的独特魅力。因此，运用这些先进的技术，可以为观众提供更加丰富、生动、有趣的展示体验，从而吸引更多的观众和游客前来参观。

二是不断更新展览内容和主题，以满足不同年龄、兴趣和文化背景的观众的需求。为了确保展览的多样性和包容性，可以结合当下社会热点和时代背景，推出具有时效性和针对性的展览，让观众更好地了解当下社会的发展和变化。通过这种方式，博物馆不仅可以吸引更多的观众，还可以提高人们对时事的关注度和理解程度。同时，展览的更新和改进，也需要考虑到不同人群的需求和特点，比如增加互动环节，或者设计更具吸引力的展示方式，以提高观众的参与度和体验感。

三是加强与社区和当地居民的互动，以便更好地融入当地文化和历史。为了实现这一目标，博物馆可以采取多种方式，如举办讲座、研讨会、社区活动等，让更多的人了解博物馆的文化价值和历史意义。在讲座中，可以邀请专家学者来分享博物馆藏品的历史和文化背景，以及它们对当地文化和历史的影响。在研讨会中，可以邀请当地居民和社区代表，共同探讨博物馆如何更好地融入当地文化和历史，以及如何更好地保护和传承当地文化遗产。在社区活动中，可以组织一些有趣的活动，如文化节、展览、表演等，吸引更多的人前来参观和了解博物馆的文化价值和历史意义。通过这些互动方式，博物馆可以更好地融入当地文化和历史，同时也可以提高自己的知名度和影响力。

四是注重可持续发展和社会责任。博物馆作为社会文化的重要载体，应该将环保、公益等议题置于重要地位，采取积极的措施来减少对环境的影响，同时提升社会责任感和公信力。为了实现这一目标，博物馆可以推广绿色出行、节能减排等环保理念，引导观众养成低碳、环保的生活方式。此外，博物馆还可以积极参与公益活动和慈善事业，为社会做出更多的贡献，增强社会影响力。通过这些措施，博物馆不仅可以提高自身的社会形象，还可以为社会的可持续发展做出积极的贡献。

博物馆作为文化和历史的守护者，不仅需要关注自身的可持续发展，还需承担起更多的社会责任。通过实现环境保护与资源利用、文化传承与创新以及社区参与与合作等可持续性目标，博物馆将能够更好地履行其在社会中的角色。同时，通过教育和启示、促进社会对话以及公益与公平等社会责任的实践，博物馆将能够在实现可持续发展的过程中为社会做出更大贡献。为了实现这些目标，博物馆需要制订长期战略规划、加强内部管理、拓展合作伙伴关系、提升公众意识以及适应变化和创新。当然，博物馆也应该以开放和创新的态度，不断适应社会变化和需求，采取一系列措施来实现可持续性和社会责任的双重目标。只有这样，博物馆才能更好地发挥其文化价值和历史使命，为社会和人民做出更多的贡献，并在可持续发展和社会责任方面取得成功，成为推动文化和历史传承的重要力量。

第六章 博物馆与社区互动

第一节 社区参与的重要性

社区参与是指社区居民自觉自愿地参加社区各种活动或事务，表达自己的意见和建议，并影响权利持有者决策的行为。社区参与是对各种决策及其贯彻执行的参与，是对社区的民主管理，使每一个居民都有机会向地方政府表达意见，以维护自己的利益。如今随着社会的发展和全球化的推进，博物馆已经不再仅仅是展示文物的场所，而是逐渐成为社区活动中心，担负着连接过去、现在和未来的重要使命。在博物馆策展中，社区参与的重要性越来越受到关注。

一是，社区参与可以丰富展览内容。社区参与对博物馆策展的重要性在于，它能够使展览更加贴近当地居民的生活，从而为展览注入更多的活力和深度。通过社区参与，博物馆能够获得来自当地居民的宝贵意见和建议，使展览内容更加丰富、多元和具有吸引力。社区中的居民通常拥有丰富的历史和文化传承，并熟知当地的历史、传统和文化，能够提供珍贵的文物、故事和历史资料。这些文物和资料对于博物馆的展览来说是极其有价值的，并且可以作为展览的核心内容，帮助观众深入了解当地的历史和文化。将这些内容融入到展览中，博物馆可以创造出更具吸引力和趣味性的展览。观众可以通过观察文物和听取故事的方式，更加直观地了解当地的历史和文化，同时也可以通过参与互动项目和活动的方式，更加深入地了解这些内容。通过社区参与，博物馆可以建立起与当地居民的联系和互动，增强观众的参与感和归属感。这将有助于提高观众的满意度和忠诚度，同时也有助于提高博物馆的知名度和影响力。因此，社区参与是博物馆策展中不可或缺的一环，它能够让展览更加贴近当地居民的生活，并让观众更加深入地了解当地的历史和文化。

二是，社区参与可以提高观众参与度。社区参与能够极大地激发观众的兴趣和热情，提高观众的参与度。当观众看到与自己息息相关的内容被展出时，他们会更加关注展览，并产生强烈的共鸣。这种共鸣不仅能够增强观众对展览的理解和记忆，还可以促进社区内部的凝聚力和归属感。此外，社区参与可以为博物馆带来更多的志愿者。这些志愿者不仅可以在展览的策划、组织和实施过程中提供宝贵的帮助，还可以成为博物馆的传播者和守护者；还可以将博物馆的信息传递给更多的人，并积极维护博物馆的声誉和形象。通过这种方式，博物馆可以更好地融入社区，提高其在当地的影响力和地位。

三是，社区参与还可以加强博物馆与社区的联系。博物馆作为社区文化的重要组成部分，扮演着至关重要的角色。为了更好地满足社区的需求和期望，博物馆需要与社区建立紧密的联系。通过与社区的互动和沟通，博物馆可以更加深入地了解社区成员的兴趣爱好、需求和期望，从而为社区提供更加贴心、细致的服务。通过社区参与，博物馆可以扩大自己的影响力，提高知名度。社区成员可以通过参与博物馆的活动，了解博物馆的展览、活动和服务，从而对博物馆产生更多的兴趣和关注。同时，博物馆也可以通过社区的宣传和推广，吸引更多的观众前来参观和体验。

四是，社区参与促进跨文化交流。在全球化的大背景下，博物馆作为文化和历史的守护者，需要扮演更为重要的跨文化交流角色。社区参与对于博物馆来说是至关重要的，因为它可以帮助博物馆深入了解不同文化之间的差异和相似之处，促进不同文化之间的交流和理解。通过社区参与，博物馆可以更好地将不同文化元素融合到展览中，从而增强不同文化之间的互动和交流。这种跨文化交流，不仅有助于拓宽观众的视野，增进不同文化之间的相互理解和尊重，还可以为社区的和谐发展做出积极的贡献。因此，博物馆应该积极推动社区参与，发挥其在跨文化交流中的重要作用，为构建和谐、多元的社会做出贡献。

五是，社区参与推动社区发展。博物馆，作为文化遗产的守护者和传承者，肩负着推动社区发展的重大责任与义务。这些庄严而充满历史气息的场所，不仅仅是为了保存和展示过去的痕迹，更是为了给社区带来更为丰富的人文关怀和教育资源。通过社区参与，博物馆能够将文化的种子，播撒在社区的每一个角落，让居民们能够更直观地感受到文化的魅力，从而提高居民们的文化素养和生活质量。不仅如此，博物馆还可以通过与社区紧密合作，开展各种形式的活动，如文化节、展览、讲座等，为社区带来经济上的繁荣。这些活动不仅可以让更多的人了解和欣赏文化遗产，还可以吸引更多的游客和投资者来到社区，从而促进社区的经济发展。博物馆与社区的合作，还可以加强社区内部的凝聚力，让居民们更加自豪地生活在自己的社区，为社区的文化繁荣贡献自己的力量。

六是，社区参与可以培养未来策展人才。社区参与对于博物馆培养未来的策展人才具有不可忽视的作用，通过积极鼓励年轻人参与到博物馆的策展过程中，让其深入了解博物馆的工作流程、策展知识以及历史文化背景，可以有效地培养对历史和文化的热爱和尊重。这些年轻人经过社区参与的锻炼，将会成为未来博物馆事业的重要力量，并且将带着对历史和文化的深厚情感，为博物馆的发展注入新的活力和创意。年轻人不仅具备扎实的策展知识，还能够将他们的独特视角和创新思维，融入到博物馆的各项工作中，推动博物馆事业不断向前发展。社区参与培养的这些未来策展人才，将为博物馆注入一股新的活力，成为博物馆与社区之间的桥梁，促进双方的交流与合作。这些年轻人将带着对历史和文化的热爱，努力传承和发扬博物馆所代表的文化价值，为更多的人带来更深入的文化体验。

社区参与在博物馆策展中扮演着至关重要的角色，其价值和作用不可替代。通过社区参与，博物馆可以更加全面、深入地展示当地的历史和文化，提高观众的参与度和认同感，加强与社区的联系和合作，促进跨文化交流和发展，培养未来的策展人才。

社区参与在博物馆策展中具有不可替代的作用和价值。通过积极引导和鼓励社区居民，积极参与到展览的策划和实施中来，博物馆可以更好地展示当地的历史和文化，提高观众的参与度和认同感，加强与社区的联系和合作，促进跨文化交流和发展，培养未来的策展人才，共同推动博物馆事业的发展和繁荣。

第二节　博物馆的社区合作项目

在当今社会，博物馆不仅仅是传统意义上保存和展示历史文物和文化遗产的场所，更是成为社区发展和文化交流的重要平台。博物馆在与社区的紧密合作下，能够更好地履行其教育功能，为社区居民提供更多学习和了解历史与文化的机会。同时，这种合作也能增强社区的文化氛围，推动社区的可持续发展。通过与社区的深度融合，博物馆能够为居民提供更多元化的文化体验，促进文化的传承和发展。博物馆不仅展示了历史文物和文化遗产，还通过各种活动和展览，让居民了解和体验不同地区的文化特色。这些活动不仅丰富了居民的文化生活，还促进了不同社区之间的文化交流和互动。此外，博物馆在与社区的合作中，还能发挥出其作为文化载体的作用，为社区的文化产业发展提供有力的支持。博物馆通过与当地文化企业和艺术家的合作，开发出具有当地特色的文化产品和文化项目，进一步推动了社区文化产业的发展和壮大。这种合作模式不仅符合时代的发展需求，也符合人民对美好生活的向往和追求。

一、博物馆与社区合作的必要性

1. 增强社区文化认同感
博物馆作为社区的文化中心，在每个城市中都扮演着重要的角色。它不仅仅是展示当地历史、文化和传统的场所，更是一个能够将社区成员凝聚在一起，共同传承和发扬本土文化的平台。通过展示当地的历史、文化和传统，博物馆可以唤醒人们对本土文化的记忆，让人们更加了解和认同自己的文化根源。这种认同感可以激发社区成员的自豪感和归属感，让人们更加积极地参与到本土文化的传承和发展中来。因此，博物馆作为社区的文化中心，不仅可以增强社区成员对本土文化的认知和认同感，还可以为社区的繁荣和发展做出积极的贡献。

2. 提升社区教育水平

博物馆的展览和教育活动，对社区教育资源的丰富，社区成员文化素质与知识水平的提高，都起着至关重要的作用。这些活动不仅提供了有关历史、文化、艺术等方面的知识，还帮助社区成员了解不同地区和时期的社会发展与变迁。通过参与博物馆的展览和教育活动，社区成员可以拓宽视野，增强自身的文化素养，同时也能更好地理解和欣赏自己所处的文化环境。此外，这些活动还为社区成员提供了互动与交流的平台，促进了社区内部的沟通和团结。

3. 促进社区经济发展

通过与博物馆的紧密合作，社区可以借助其广泛的影响力来推动文化产业的发展，吸引大量游客和有眼光的投资者，从而带动整个地区的经济发展。这种发展不仅能为当地居民创造更多的就业机会，还能提升社区形象，使其成为文化和旅游的目的地。同时，社区也可以通过与博物馆的合作，更好地保护和传承文化遗产，使更多的人能够领略到这些宝贵的历史财富。因此，与博物馆的合作，对于社区的经济发展和文化传承具有重要意义。

4. 推动社区可持续发展

博物馆与社区的合作是一种极具价值的举措，有助于促进文化交流和资源共享，推动社区在文化、经济、社会等各个方面的可持续发展。这种合作可以带来诸多好处，如增强社区的文化氛围、提高居民的文化素养、推动文创产业的发展等。通过与博物馆的合作，社区可以更好地发掘和利用自身的文化资源，同时也可以借助博物馆的专业知识和资源，为社区的文化、经济发展提供有力的支持。此外，博物馆与社区的合作，还可以促进不同文化之间的交流和理解，增进不同社区之间的友谊和合作。因此，应该积极推动博物馆与社区的合作，共同促进文化交流和资源共享，为社区的可持续发展做出贡献。

二、博物馆与社区合作项目的实施策略

1. 深入了解社区需求

博物馆致力于深入了解社区成员的需求和兴趣，以开发出符合社区特色的展览和教育活动。为了实现这一目标，博物馆会进行详尽的市场调研和社区参与活动，收集并分析社区成员的反馈和建议。通过这种方式，博物馆能够更好地理解社区成员的文化需求、教育背景和兴趣爱好等方面的信息。然后，根据这些信息，博物馆会组织专业的团队，进行展览策划和教育活动设计，确保展览和教育活动与社区成员的需求和兴趣相符合。同时，博物馆还会积极引入现代化的技术和手段，如虚拟现实、增强现实等，为社区成员提供更加生动、形象、有趣的互动体验。通过这些努力，博物馆能够为社区成员提供更加优质的展览和教育活动，促进社区的文化繁荣和发展。

2. 建立合作伙伴关系

博物馆应该积极与当地政府、企业、学校以及其他组织，建立紧密的合作伙伴关系，以共同推动社区文化事业的发展。通过这种合作，博物馆可以更好地发挥其作为文化传承和教育的场所的作用，同时也可以促进社区的经济发展和文化建设。建立合作伙伴关系，可以使博物馆得到更多的支持和帮助，如政府提供的政策支持和资金支持，企业提供的物资和资金捐助，学校提供的志愿者服务和教育资源等。这些支持和帮助可以使得博物馆能够更好地开展各项活动，提高其社会影响力和文化价值。通过合作伙伴关系的建立，

博物馆可以更好地融入当地社区，与社区居民建立更紧密的联系。这种联系可以促进博物馆与社区之间的交流和互动，使博物馆成为社区文化生活的重要组成部分，同时也可以为博物馆带来更多的参观者和观众。因此，博物馆与当地政府、企业、学校等建立合作伙伴关系是非常必要的，这不仅可以促进社区文化事业的发展，同时也可以提高博物馆的社会影响力，增强文化价值。

3. 创新展览和教育内容

博物馆作为历史文化的重要载体，应该紧密结合时代背景和社区特点，创新展览和教育内容，以激发社区成员的兴趣和参与度，提高人员的满意度。在当今这个信息爆炸的时代，博物馆需要运用先进的技术手段，如人工智能、虚拟现实等，打造互动性强、体验感好的展览和教育活动，让社区成员在参与的过程中，感受到历史的魅力和文化的底蕴。同时，博物馆还需要关注社区成员的需求和反馈，了解人员的兴趣和期望，不断优化展览和教育内容，以满足不同人群的需求。通过创新展览和教育内容，博物馆不仅可以提高社区成员的参与度和满意度，还可以为社区的发展和文化的传承做出积极的贡献。

4. 加强与社区的互动

博物馆可以通过开展丰富多彩的互动活动，如制作手工艺品、组织历史讲座、举办摄影展等，吸引社区成员积极参与，增强与社区的互动。此外，博物馆还可以邀请社区成员参与展览策划，让社区成员感受到自己的价值和重要性，从而提高社区成员的参与度和归属感。通过这些方式，博物馆可以更好地与社区建立联系，促进社区文化的发展和传承。

5. 整合资源共享发展

博物馆与社区应该紧密合作，整合双方的资源，以实现共享发展，推动双方在文化、经济、社会等方面的协同发展。通过这种方式，双方都可以更好地利用资源，提高双方的效率和生产力，同时也可以促进社区的繁荣和博物馆的发展。在文化方面，博物馆可以与社区合作，共同推广文化遗产和历史文化，促进文化的传承和发展。在经济方面，双方可以合作开展文化产业，开发具有地方特色的文化产品，促进地方经济的发展。在社会方面，博物馆和社区可以共同举办公益活动，提高公众的文化素质和生活质量，促进社会的和谐与稳定。因此，博物馆与社区的整合资源、共享发展是一种双赢的模式，值得人们深入探讨和实践。

三、案例分析——以某市博物馆为例

某市博物馆通过与社区的合作，成功地开展了一系列具有当地特色的文化活动。以下是其中的几个案例。

（1）"寻访城市历史"活动。博物馆邀请社区成员参与城市历史的调查和搜集工作，将收集到的历史资料整理成展览。这个活动不仅增强了社区成员对本土历史的了解，也提高了成员的文化素养和参与度。（2）"手艺进校园"项目。博物馆与当地学校合作，将传统手工艺引入学校课程，教授学生制作手工艺品。这个项目不仅传承了传统文化，也丰富了学校的教育资源，提高了学生的动手能力和创造力。（3）"文化创意产品研发"项目。博物馆与当地企业合作，开发具有当地特色的文化创意产品。这些产品不仅具有纪念意义，也成为宣传当地文化的重要载体。

通过这些案例可以看出，某市博物馆与社区的合作取得了良好的成效。这些活动不仅提高了社区成员的文化素质和参与度，也推动了当地文化产业的发展和文化资源的传承。

博物馆与社区的合作是一种双赢的模式，不仅可以增强社区文化认同感、提升教育水平、促进经济发展和推动可持续发展，也是博物馆履行其社会责任、发挥其社会功能的重要途径。未来，博物馆应进一步深化与社区的合作，创新合作模式和内容，提高合作效果和影响力，为推动社区文化事业的发展做出更大的贡献。

四、博物馆的社区合作项目

1. 联合展览

博物馆可以与社区合作举办展览，展示社区的历史、文化和传统。这些展览不仅可以帮助社区居民更好地了解自己的文化根源和历史背景，还可以增强社区的凝聚力和归属感。通过展示社区的历史和文化，博物馆可以为社区居民提供更加深入了解自己所在环境的机会，同时也可以促进社区的经济发展和文化传承。此外，博物馆与社区合作举办展览，还可以促进不同社区之间的交流和互动，增进相互了解和友谊。

2. 教育活动

在讲座方面，博物馆可以邀请专家学者或藏品捐赠者等，向社区居民介绍博物馆的藏品、历史文化背景以及价值意义等。这些讲座不仅可以让居民更深入地了解博物馆，还可以激发居民对历史文化的好奇心和探究精神。在研讨会方面，博物馆可以组织针对特定主题或展览的研讨会，邀请相关领域的专家学者、研究人员、文化机构代表等共同探讨和研究。这些研讨会可以为社区居民提供交流和学习的平台，同时也能促进博物馆与各方的合作与互动。在实践活动方面，博物馆可以与学校、社区组织等合作，开展各种形式的实践活动，如文物修复、历史文化体验、艺术创作等。这些实践活动可以让社区居民更直接地参与到博物馆的工作中来，亲身体验和感受文物的魅力，同时也能提高成员的文化素养和综合素质。

3. 社区文化节

博物馆可以与社区合作举办文化节，展示社区的历史、文化和传统。这些文化节可以包括讲座、展览、工作坊、音乐会、戏剧表演等，既可以展示博物馆的收藏和文化价值，又可以满足社区居民的文化需求。在文化节期间，博物馆可以邀请社区居民参加各种活动，例如历史讲座、手工艺工作坊、音乐会和戏剧表演等。这些活动不仅可以让社区居民更好地了解自己的历史和文化传统，还可以促进社区居民之间的交流和互动。

通过与社区合作举办文化节，博物馆可以更好地展示自己的收藏和文化价值。同时，博物馆也可以通过文化节满足社区居民的文化需求，增强社区居民的文化认同感和归属感。此外，博物馆与社区合作举办文化节，还可以促进社区经济发展。文化节期间的各种活动，可以吸引更多的游客和观众来到社区，为当地的餐厅、酒店和其他服务业带来更多的客源和收入。

4. 社区志愿者项目

博物馆可以与社区合作招募志愿者。这些志愿者不仅热心肠，而且具备责任感和奉献精神，积极为博物馆提供义务服务和支持，他们不仅参与博物馆的日常运营，如协助展品的陈列、展厅的清洁和秩序维护等工作，而且还是展览布置的得力助手。在教育活动方面，他们热情洋溢，致力于为参观者提供更加丰富、有趣的互动体验。同时，这些志愿者还为博物馆提供了许多宝贵的意见和建议，帮助博物馆不断改进和完善各项工作。通过与社区合作招募志愿者，博物馆能够更好地实现其使命，为公众提供更优质的文化和教育服务。

5. 跨学科合作项目

博物馆可以与不同学科的机构和专家携手合作，共同开展跨学科的研究和项目。这些项目可以涵盖多个领域，如考古学、历史学、艺术学、人类学和社会学等，将各学科的知识和资源汇聚在一起，为博物馆和社区带来更多的学术资源和文化价值。通过与不同学科的机构和专家合作，博物馆可以更全面地了解和挖掘藏品的历史和文化背景，为学术界提供更为准确和深入的研究资料。同时，这些合作项目也可以促进各学科之间的交流和互动，推动学术研究的创新和发展。此外，博物馆与社区的互动也可以通过这些合作项目得到加强。博物馆可以借助社区的力量，更好地了解当地的历史和文化传统，为社区居民提供更为丰富和多样化的文化活动。同时，社区也可以通过参与这些项目，更加了解和关注博物馆的工作和藏品，进一步增强社区居民的文化认同感和归属感。

博物馆与不同学科的机构和专家紧密合作，开展跨学科的研究和项目，这不仅可以极大地丰富博物馆的学术资源和文化价值，更可以促进各学科之间的交流和互动，实现资源共享和优势互补。这种跨学科的合作模式，有助于产生更多具有创新性和前瞻性的研究成果，为博物馆的长远发展注入新的活力。通过与各学科的机构和专家建立紧密的合作关系，博物馆可以更好地发掘和整合各种学术资源，拓展研究领域和深度，提升自身的学术地位和影响力。同时，这种跨学科的合作模式，还可以促进不同学科之间的交流和互动，让不同领域的专家相互学习、互相启发，共同推动学术研究的进步和发展。博物馆与社区的互动和联系，也是至关重要的一环。通过与社区合作，博物馆可以更好地了解社区的需求和文化特色，为社区居民提供更丰富多彩的文化活动和展览。同时，博物馆也可以借助社区的力量，拓展自身的资源和影响力，实现互利共赢的目标。而且博物馆的社区合作项目多种多样，可以根据不同的情况和需求进行选择和制定。例如，博物馆可以与当地的学校合作，开展青少年教育项目，提高青少年的文化素养和历史意识；可以与当地的艺术家合作，共同举办艺术展览和文化活动，丰富社区的文化生活；可以与当地的科研机构合作，开展历史文化研究项目，推动学术研究的进步和发展。这些合作项目，不仅可以丰富博物馆的学术资源和文化价值，还可以促进各学科之间的交流和互动，以及加强博物馆与社区的互动和联系。

第三节　文化多样性与博物馆

一、文化多样性

在全球化日益盛行的今天，人们越来越深刻地意识到文化多样性的重要性。这种多样性不仅丰富了人们的视野，让人们能够更加全面地了解世界各地的文化，增加了对它们的理解和尊重，而且还是推动人类社会不断进步的重要力量。通过文化多样性，人们能够欣赏到不同文化的独特魅力。它不仅拓宽了人们的视野，而且也加深了人们对世界的理解。这种理解让人们更加尊重其他文化，更加欣赏它们的独特之处。同时，文化多样性也为人类社会的发展提供了源源不断的动力。不同的文化背景、不同的思维方式，让人们能够从不同的角度看待问题，从而提出更加创新的解决方案。这种创新精神是推动社会进步的关键因素之一。此外，文化多样性还有助于促进全球的和平与稳定。当人们能够欣赏并理解其他文化时，他们也更容易接受并尊重彼此之间的差异。这种尊重和接受是构建和谐社会的基石，有助于减少文化冲突和误解，从而维护世界的和平与稳定。

文化多样性的价值，主要体现在促进创新和适应能力、增强社会和谐、推动经济发展等方面。文化多样性鼓励人们以新的视角看待问题，并采用不同的解决方法，激发人们的创新精神，并提高人们的适应能力。在不断变化的世界中，这种创新和适应能力显得尤为重要。尊重和欣赏不同文化，也可以极大地增强社会的和谐氛围。当人们尝试理解和接纳各种不同的观点和习俗时，能够更好地理解彼此的差异，并且尊重他人的独特性。这种理解和接纳可以促进相互之间的交流与沟通，减少因文化差异而引起的冲突和误解；当人们尊重和欣赏不同文化时，也会更容易接纳各种不同的思想和观念。这种开放的态度可以让人们更好地理解他人的观点，并从中学习到新的思维方式。通过这种方式，人们可以增进对其他人的了解和友谊，同时也能促进社会的和谐与稳定。此外，尊重和欣赏不同文化，还有助于促进文化的多样性和创新。当各种不同的文化在同一环境中相互交流和碰撞时，可以激发出新的创意和灵感。这种多样性可以推动社会的进步和发展，同时也能为人们的生活带来更多的色彩和活力。积极推广这种文化价值观，可以营造更加开放、包容、和谐的社会环境。除此之外，文化多样性在经济发展中扮演着积极的角色。通过贸易和交流，各种文化得以互相了解，这不仅增进了彼此的友谊，还推动了商品和服务的发展。文化的多样性为经济发展提供了无限的可能性，不同的文化背景带来了独特的视角和创新思维，为经济发展注入了新的活力。来自不同文化的企业家、商人、学者等，在交流和合作中相互学习，共同寻找解决问题的新方法。这种跨文化的交流与合作，促进了思想的碰撞与融合，推动了经济的发展。同时，文化的多样性也带来了更多的消费者选择，促进了消费市场的繁荣。文化多样性还有助于增强企业的竞争力。因为来自不同文化的员工为企业带来了新的思维方式和工作方式，使得企业在激烈的市场竞争中更具优势。文化的多样性也激发了员工的创造力和创新精神，为企业的发展注入了新的活力。

二、如何保护和尊重文化多样性

1. 教育和理解

为了保护和尊重文化多样性，增进对不同文化的理解和教育是至关重要的。这意味着人们需要投入时间和精力，学习和欣赏各种文化的历史、习俗、信仰以及表达方式。通过深入了解不同文化的背景和特点，人们可以更好地理解彼此之间的差异，并培养全球视野。这种教育不仅可以帮助人们更好地与来自不同文化背景的人交流和合作，还可以提高人们的跨文化理解能力，以适应日益全球化的世界。通过增进对不同文化的教育和理解，人们还可以培养对不同文化的尊重和包容，减少文化误解和文化冲突，促进文化交流和融合。此外，这种教育还可以帮助人们更好地欣赏各种文化的独特之处，发现其中的价值和意义；可以帮助人们学习到不同文化的艺术、音乐、文学等方面的表达方式，以及它们所承载的文化内涵和情感。这不仅可以丰富人们的精神世界，还可以促进文化多样性的保护和传承。因此，增进对不同文化的理解和教育是保护和尊重文化多样性的关键。积极推广这种教育，将其纳入全球教育体系中，从而帮助更多的人了解和尊重不同的文化，促进全球文化交流和融合。

2. 包容和无偏见

博物馆应该努力消除对任何文化的偏见和歧视，以促进全球文化多样性的繁荣。博物馆应该以开放的心态，去接纳和理解不同的文化，避免因为误解而产生冲突，从而营造和谐、包容的社会环境。为了实现这一目标，人们需要通过教育、交流等方式，来增进对不同文化的了解和认识，消除文化隔阂，让不同的文化得以和谐共存。同时，人们也应该尊重文化的差异性和多样性，不以自己的文化为优越，不歧视或排斥其他文化。只有这样，才能真正实现全球范围内的文化多样性繁荣。

博物馆可以通过以下几种方式，来消除对任何文化的偏见和歧视。

一是多元文化展示。博物馆是一个宝贵的知识宝库，可以为人们呈现不同文化的历史、艺术、传统和价值观。在这个宝库中，能够一览无余地了解到各个民族的风俗习惯、社会制度以及宗教信仰等方方面面的文化瑰宝。通过多元文化的展示，博物馆为人们打开了一扇了解世界不同角落的窗户。在这里，人们能够看到各种文化的独特之处，从而对其他文化有更深入的了解和认识。这种了解和认识，可以有效地减少人们对其他文化的偏见和歧视。博物馆的多元文化展示还有助于促进文化交流和融合。当不同文化在博物馆中相遇时，会互相碰撞、交流，从而产生出新的文化元素。这种文化交流和融合，对促进全球文化的多样性，增进不同民族之间的相互理解，具有非常重要的应用意义。

二是公正的叙述。博物馆作为历史文化的重要载体，应该扮演着提供公正、客观叙述的角色，以避免对任何文化进行贬低或歧视。在展示不同文化时，博物馆应该注重历史的真实性和公正性，以避免夸大或歪曲事实，从而消除对任何文化的偏见和歧视。这种公正、客观的叙述方式，不仅能够提高人们对不同文化的认识和尊重，更能够促进社会和谐与进步。博物馆在展示不同文化时，应该尽可能地收集和呈现各种历史文物和资料，以真实地反映当时的历史和文化面貌。同时，博物馆也应该注重对文物和资料的保护和修复，以确保这些珍贵的文化遗产，能够得以传承和发扬光大。此外，博物馆在展示不同文化时，还应该注重观众的参与和互动。通过开展各种活动和互动项目，博物馆让观众更加深入地了解和体验不同的文化，从而增强人们对不同文化的认识和尊重。

三是教育和解释。博物馆作为社会的重要教育机构，可以通过详细的教育和解释来帮助观众深入理解不同文化的背景、价值观和特点。通过生动、详尽的展示内容，博物馆可以为观众提供全面、客观的文化认知，帮助人们拓宽视野，增强对其他文化的理解和尊重。这种教育和解释的方式，能够有效地减少观众对其他文化的偏见和歧视，促进文化间的交流与融合。

四是促进对话和交流。博物馆作为文化交流的重要场所，可以发挥其独特的作用，组织各种对话和交流活动。这些活动可以邀请来自不同文化背景的人士参与，让他们分享彼此的文化、历史和经验，从而促进不同文化之间的相互理解和尊重。通过对话和交流，参与者可以更加深入地了解其他文化，并发现彼此之间的共同点和差异。这种互动可以消除对其他文化的误解和偏见，从而减少对其他文化的歧视。同时，这些活动还可以促进文化多样性的发展和推广，让更多人了解和接受不同的文化。此外，博物馆还可以通过展示不同文化的文物和文化遗产，向公众展示不同文化的魅力和价值。这些展示可以让公众更加了解其他文化，并进一步加深对其他文化的认识和理解。博物馆作为文化交流的重要场所，对于促进不同文化之间的相互理解和尊重具有重要的作用。通过对话和交流，人们可以消除对其他文化的误解和偏见，从而减少对其他文化的歧视，并进一步推动文化多样性的发展和推广。

五是关注文化多样性。博物馆应该高度关注文化多样性，充分尊重不同文化的独特差异和特点。在呈现不同文化时，博物馆应该以平等对待为原则，避免对某些文化进行歧视或排斥。这种平等对待不仅是一种道德责任，也是博物馆作为社会公共机构所应承担的重要职责。博物馆在策划展览时，应该充分考虑到不同文化的独特性和价值，避免以偏概全或片面解读。同时，博物馆还应该关注文化融合和跨文化交流，通过举办相关活动和项目，促进不同文化之间的相互理解和合作。这不仅可以增强不同文化之间的交流与互动，还可以为社会发展注入新的活力和动力。在实现这一目标的过程中，博物馆需要拥有一支具备跨文化视野和多元文化背景的专业团队，可以负责策划展览、编写相关材料、提供导览服务等工作，确保博物馆所展示的内容既全面又准确，充分反映不同文化的丰富多彩和相互交融。此外，博物馆还应该注重观众反馈和参与，不断改进和完善服务质量，以满足不同观众的需求和期望。

3. 促进交流和合作

博物馆应该积极鼓励各种文化之间的交流和合作，以增进彼此的了解和尊重。通过各种形式的艺术、音乐、电影、文学等交流方式，人们可以增进对不同文化的欣赏和理解。这种跨文化的交流，不仅可以拓宽人们的视野，增加我们的知识储备，还可以帮助人们更好地理解其他国家和民族的文化传统和生活方式。同时，这种交流还可以促进不同国家之间的友谊和合作，为构建一个更加和谐的世界做出积极的贡献。因此，博物馆应该大力支持和推广各种文化交流活动，为促进全球文化多样性，为人类文明的发展做出自己的贡献。

文化多样性是推动人类社会进步的重要力量，通过尊重和理解各种不同的文化，可以促进创新和适应能力，增强社会和谐，推动经济发展。同时，博物馆也应该采取积极的措施，保护和尊重文化多样性，包括增进教育和理解，保持包容和无偏见，以及促进各种文化之间的交流和合作。只有这样，才能充分利用文化多样性带来的优势，推动人类社会的共同进步。

三、博物馆与文化多样性

随着全球化的推进和科技的飞速发展，文化多样性在当今社会中扮演着越来越重要的角色。博物馆，作为文化遗产的守护者和呈现者，有着特殊的社会使命和责任，即通过展示各种文化背景下的物品和故事，维护和推动文化多样性。

首先，博物馆是保护和保存文化多样性的重要场所。通过收藏、展示和研究各种文化背景下的物品，博物馆使得人们能够更好地理解和欣赏各种文化的独特性。这些物品可以是历史的文物、传统的艺术、民族服饰、手工制品等，它们都承载着丰富的文化信息和历史背景。博物馆的保存和保护不仅使得这些珍贵的文化遗产得以传承，而且通过向公众展示，帮助人们更好地理解和欣赏各种文化的独特性。

其次，博物馆通过教育和社区参与活动推动文化多样性。博物馆的教育部门通常会提供各种针对不同年龄段和背景的教育活动，如讲座、研讨会、工作坊等。这些活动旨在帮助参与者，更好地理解和欣赏各种文化的独特性。此外，博物馆还会通过社区参与活动，邀请不同文化背景的人参与到展览的策划和实施中来。这不仅可以增强社区的凝聚力，还可以促进不同文化之间的交流和理解。

最后，博物馆在推动文化多样性方面也面临着一些挑战。例如，如何平衡保护文化遗产和满足公众的需求；如何确保展览的内容和方式能够真实、全面地反映各种文化的特点；如何吸引更多来自不同背景的人参与到博物馆的活动中来等。为了解决这些问题，博物馆需要不断地提高自身的专业能力和服务水平，同时也需要积极地与社区、政府、企业等各方进行合作，共同推动文化多样性的发展。

博物馆在保护和推动文化多样性方面，扮演着重要的角色。通过收藏、展示和研究各种文化背景下的物品，博物馆不仅保护和传承了文化遗产，而且通过教育和社区参与活动推动了文化多样性的发展。同时，为了更好地履行这一社会使命，博物馆也需要不断提高自身的专业能力和服务水平，并与各方进行积极的合作。未来，随着社会的发展和技术的进步，博物馆在推动文化多样性方面将会有更多的可能性。例如，通过数字化技术和虚拟现实技术，博物馆可以打破时间和空间的限制，为公众提供更加丰富和深入的展览体验；通过与不同地区和国家的博物馆进行合作，博物馆可以促进跨国界的文化交流和理解；通过与社区和企业进行合作，博物馆可以扩大自身的影响力，吸引更多的人参与到文化多样性的保护和推动中来。推动文化多样性不仅仅是博物馆的任务，而是全社会的责任。每个人都应该尊重和欣赏各种文化的独特性，通过学习和交流促进不同文化之间的理解。只有这样，才能真正实现文化多样性这一宝贵的社会价值，为构建和谐、包容的社会做出贡献。

参考文献

[1] 孙均兴. 数字媒体与博物馆文化融合策略探究 [J]. 陶瓷，2023（4）：68-71.

[2] 杜艾容. 古建筑中设计陈列展览的思考与探索：以保定淮军公所为例 [J]. 文物春秋，2023（2）：48-57，96.

[3] 孙声，孙旭瑶，孟佳琦. 博物馆信息可视化设计发展趋势探究 [J]. 艺术科技，2023，36（11）：201-203.

[4] 张树锋. 文化循环视域下我国博物馆数字出版业发展路径研究 [J]. 科技传播，2023，15（3）：40-44.

[5] 田建花，张金萍. 文物保护类展览的策划与特色：以"纸载千秋——传统记忆与保护技艺"为例 [J]. 东南文化，2021（5）：13-18.

[6] 田龙过，贺晓薇. 5G 时代下"互联网＋革命文物"平台的应用与发展 [J]. 新闻知识，2021（5）：85-89.

[7] 刘守柔. 1980 年代以来中国博物馆学本科专业课程的发展 [J]. 南方文物，2021（3）：243-252.

[8] 陈嘉雯. 新时代博物馆"我为群众办实事"实践活动的策划与管理：以深圳博物馆为例 [J]. 文物鉴定与鉴赏，2022，230（11）：132-135.

[9] 金磊. 城市传承与创新需要激活文明之光：感悟"第六批中国 20 世纪建筑遗产项目推介公布研讨"与《武汉倡议》要点 [J]. 建筑设计管理，2022，39（11）：90-96.

[10] 吕一品. 情境叙事视域下的非物质文化遗产交互展陈体验设计 [J]. 鞋类工艺与设计，2022（11）：94-95.

[11] 苏力为 . 多媒体技术在博物馆陈列展览中的影响研究 [J]. 文物鉴定与鉴赏，2022，225（6）：98–100.

[12] 皮文波 . 乡镇红色文化主题馆实践探析：以通东革命老区红色记忆馆为例 [J]. 文物鉴定与鉴赏，2022，230（11）：124–127.

[13] 魏兰 . 活态传承语境下博物馆文创产品设计与开发策略 [J]. 陶瓷科学与艺术，2022（8）：63–65.

[14] 马煜娟 . 试论文物保护利用政策下的博物馆教育 [J]. 文物鉴定与鉴赏，2022，220（1）：84–86.

[15] 杨可君 . 喀什地区文物保护与利用策略浅析 [J]. 文物鉴定与鉴赏，2023（3）：148–151.

[16] 赵晓梅 . 乡村遗产文化体验的实现路径探索 [J]. 中国文化遗产，2023，117（5）：20–23.

[17] 沈贵华，祝孔强 . 人工智能在文化遗产保护传承中的价值研究 [J]. 博物院，2023（3）：43–49.

[18] 郑小明 . 新时代背景下闽北文物古建筑保护工作的策略研究 [J]. 文物鉴定与鉴赏，2023，254（11）：34–37.

[19] 王晓文 . 峡江县革命文物保护利用的调查与思考 [J]. 中国文物科学研究，2023（2）：8–11.

[20] 杜丹丹 . 博物馆文物陈列展览设计的思路探讨 [J]. 黑河学刊，2023（4）：96–100.

[21] 冯瑜 . 博物馆文物收藏职能与文物保护策略分析 [J]. 畅谈，2023（10）：220–222.

[22] 温葵珍，谢绮 . 试论江西省红色标语的保护与利用：以吉安市为例 [J]. 南方文物，2022（5）：103–111.

[23] 王荣，陈刚 . 中国出土玉器病害与修复保护综论 [J]. 文物保护与考古科学，2022，34（5）：118–128.

[24] 徐春晖 . 博物馆馆藏文物管理的有效思考 [J]. 中国民族博览，2023（7）：

241-244.

[25] 赵国瑞. 数字化时代下博物馆文物陈列与保管的探究 [J]. 上海轻工业，2023（6）：105-107.

[26] 张宇. 博物馆文物陈列与文物保护意识问题研究：以常州市武进区博物馆管理实践为例 [J]. 文物鉴定与鉴赏，2021（2）：124-126.

[27] 朱文华. 基于用户体验的智慧博物馆服务策略研究述略 [J]. 西北美术，2021（4）：127-130.

[28] 杜晓林. 新时代下博物馆文物保护与传承发展的创新探究 [J]. 文物鉴定与鉴赏，2021，212（17）：135-137.

[29] 张璐，黄琦，樊孝林. 古代铁质刀剑、剪刀文物受腐蚀机制及保护对策探究：以中国刀剪剑博物馆一批馆藏古代铁质刀剑、剪刀文物为例 [J]. 文物鉴定与鉴赏，2021（7）：66-70.

[30] 汪春兰. 简析博物馆讲解员提高文物鉴赏知识普及的策略 [J]. 中外交流，2021，28（9）：517-518.

[31] 赵苗樵. 信息时代博物馆文物保护的策略研究 [J]. 品牌研究，2021（1）：284-287.

[32] 张荣芳. 关于对革命文物藏品的保管与保护策略探究 [J]. 人文之友，2021（2）：24-25.

[33] 李婷. 新时期博物馆临时展览的组织策略 [J]. 文物鉴定与鉴赏,2022（5）：84-86.

[34] 苏黎琳. 泉州市鲤城区文物古迹保护与开发策略 [J]. 文物鉴定与鉴赏，2022（14）：41-44.

[35] 木拉提别克·胡山. 民族文物保护存在的问题及解决措施 [J]. 文物鉴定与鉴赏，2022，225（6）：51-53.

[36] 李瑞琦. 我国纸质藏品的展览风险与应对策略研究 [J]. 文物鉴定与鉴赏，2022，238（19）：77-80.

[37] 张刚. 田野文物管理中的文物保护对策分析与研究：以高台县博物馆骆

驼城文物管理所为例 [J]. 文物鉴定与鉴赏，2022，221（2）：44-46.

[38] 于焱. 馆校合作模式下的大遗址研学实践与思考：以临淄齐国故城为例 [J]. 博物院，2022（5）：114-121.

[39] 田瑞媛. "妙手神工守望文明——晋祠博物馆馆藏纸质文物保护成果展"策展记略 [J]. 文物鉴定与鉴赏，2022，227（8）：68-71.

[40] 葛梦洁. 试论博物馆社会教育及文化传播工作的尝试与探索：以青岛康有为故居纪念馆为例 [J]. 文物鉴定与鉴赏，2022，226（7）：69-72.